KB272404

우리는 교회일까?

Visible Church

성경의 교리에서 정의하는 교회의
'개념'과 '표지'에 관한 학습서

장대선 지음

우리는 교회일까

초판 1쇄 인쇄	2026년 3월 22일
초판 1쇄 발행	2026년 3월 22일

저자	장대선
발행처	고백과 문답
출판신고	제2016-000127호
주소	서울특별시 여의대방로 134-1 봉림빌딩 507호
전화	02-586-5451
편집	고백과 문답
디자인	최주호
인쇄	이래아트(02-2278-1886)

ISBN	979-11-983426-2-1

값 17,000원

우리는 교회일까?

성경의 교리에서 정의하는 교회의 '개념'과 '표지'에 관한 학습서

장대선 지음

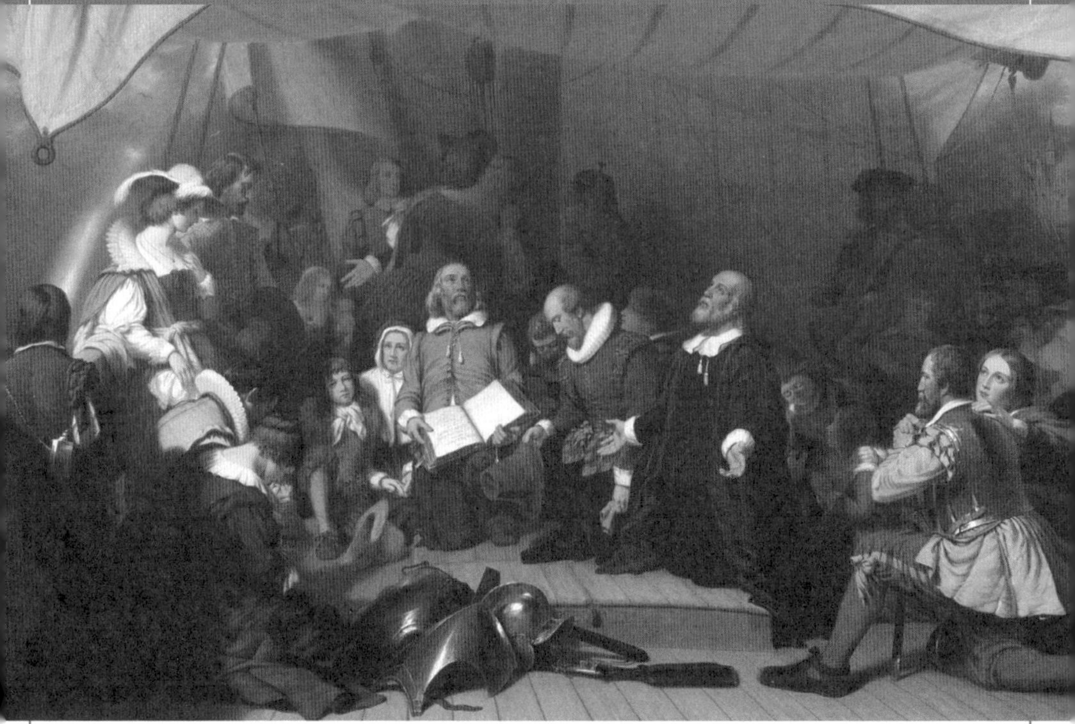

목차

일러두기

오늘날 대한민국의 기독교는 특정한 종교의 융성을 가장 가시적으로(visible) 보여주고 있습니다. 기독교 이외의 여러 가지 종교들이 분명하게 존재하고 있지만, 어디에서나 가장 눈에 띄는 종교 시설은 바로 교회당이라는 사실이 쉽게 인정되는 상황이기 때문입니다. 하지만 그러한 교회들에서 들려오는 여러 부정적이고 비도덕적인 스캔들(scandal)에 관한 소식들, 그리고 여러 기독교 이단들의 번창과 사회적인 파장 등으로 인하여 그 어떤 시대보다도 교회의 본질과 정체성에 대한 회의와 의심이 팽배해져 있는 것 또한, 우리 사회 기독교가 드러내 보이는 엄연한 현실이기도 합니다. 그러므로 교회란 무엇인가에 대한 명확한 이해와 재정립이야말로 우리 사회의 기독교가 직면한 가장 시급한 현실이자 과제라 하겠습니다.

이 교재는 지상에 있는 교회를 가리켜서 '가시적인 교회(visible church)'라 부르는 것과 더불어서, 그러한 지상의 교회가 궁극적으로 지향하는 본질과 원형이 천상의 교회이자 궁극적이며 유일한 교회인 '비가시적인 교회(invisible church)'에 있음을 바탕으로 교회에 관한 폭넓은 이해를 꾀하는 것으로 이루어져 있습니다. 이 지상에 그리스도의 이름으로 모이는 회중과 모임이야 얼마든지 세워질 수 있지만, 그러한 회중과 모임이 진정한 그리스도의 교회로 입증되기 위해서는 천상의 교회이자 유일하며 본질적일 뿐만이 아니라 비가시적인 교회와 연계되어 있어야만 하는 것이지요. 기독교인이라면 한 번쯤은 들어보았을 '공교회(ἐκκλησια καθολικη, Catholic Church)'라는 것은, 궁극적으로 비가시적 교회인 천상의 교회를 지칭하는 것입니다. 그리고 이에 대한 이해를 바탕으로 하여야만 비로소 우리는 이 지상에서 교회로 모인다는 것이 무엇인지에 관한 올바른 이해와 기본적인 숙지가 가능한 것이지요. 바로 이러한 이해와 숙지의 결여로 말미암아 오늘날 대한민국의 기독교회들에서 일어나는 각종의 부정적인 사건과 사고들이 만연하게 되는 것이지요.

기본적으로 이 교재는 '교회의 표지(the sign of a church)'를 기초로 하여서, 이 지상에 있는 가시적인 교회가 어떻게 천상의 교회이자 유일한 교회인 비가시적 교회와 연계되는지를 이해하게 합니다. 그리고 이 지상에 있는 가시적인 교회가 천상의 비가시적 교회와 연계되는 근거나 바로 '하나님의 택하심'이라는 것을 이해하도록 합니다. 한마디로 교회란, 인간의 믿음을 바탕으로 하는 종교적인 공동체가 아니라 하나님의 택하심을 바탕으로 하는 신앙 공동체인 것이지요. 그러므로 교회로 모인 회중은 "참된 신앙을 고백하는 것(that profess the true Religion)"이 필연적이라 하겠습니다. 또한

"참된 신앙"이라는 것은, 인간 자신의 측면에서 참되다는 의미가 아니라 하나님의 계시로서의 '말씀(the bible)'에 대한 올바른 이해와 해석으로서의 교리의 측면에서 참되다는 의미입니다. 따라서 그러한 참된 신앙으로 인하여, 교회를 "떠나서는 통상적으로 구원의 가능성이 없다."(웨스트민스터 신앙고백 제25장 2항)고 하는 것입니다.

그렇다면, 하나님의 택하심으로 인하여 "모였었고, 모였으며, 모일(that have been, are, or shall be gathered)" 비가시적인 공교회 또는 보편적 교회가 이 지상에서 가시적으로 드러나는 특성은 무엇일까요? 바로 이 특성에 대한 이해 가운데서 대두되는 것이 바로 '교회의 표지'라는 것입니다. 즉, 하나님의 말씀인 성경으로 계시되어 있는 바에 따라서 복음의 교리를 얼마나 순수하게 가르치고 받아들이는(taught and embraced) 것, 그리고 순수한 복음의 교리에 따라 성례가 이뤄지며 공적인 예배가 행해지는 가운데서 비로소 교회가 눈앞에 드러나게 되는 것이지요. 아울러서 이에 따라 필연적으로 뒤따르는 것이 바로 '교회의 치리(church censures)' 혹은 '권징'이라는 표지입니다. 하나님의 말씀인 성경으로 계시되어 있는 복음의 교리가 순수하게 가르쳐지지 않고 회중 가운데서 받아들여지지 않을 때 이를 권면하고 교정할 수 있는 수단인 치리는, 교회를 순수하게 드러낼 수 있는 실질적인 수단으로써 중요한 교회의 표지를 이루고 있는 것입니다. 그러므로 이러한 시금석(touchstone)인 교회의 표지에 대한 이해에 따라서 우리는 비로소 이 지상에 있는 교회가 참되고 순수한 의미로서의 교회인지 아닌지를 분별할 수 있게 되는 것이지요.

그러나 안타깝게도 이러한 교회의 표지에 대한 이해, 그리고 천상의 비가시적인 교회가 지상의 가시적인 교회와 연계되는 모습으로서의 공교회 또는 보편적 교회(Catholick or Universal Church)에 대한 이해가 대한민국의 교회-특히 장로교회들-에 현저히 부족한 실정입니다. 개별 교회 자체를 완전한 교회로 이해하는 회중주의 교회와 다른 장로교회의 교회제도인 노회와 총회의 운용은, 공교회 또는 보편적 교회로서의 교회에 대한 이해를 근거로 하는 독특하고 특징적인 제도임에도 불구하고, 이에 대한 올바른 이해와 실천을 현저히 결여하고 있음이 한국의 장로교회들의 엄연한 현실이기도 하지요. 바로 이러한 이해의 결여로 말미암아 오늘날 교회의 수많은 타락과 부패상이 만연해 있는 것입니다. 이에 따라 현대의 한국 교회에서 시급하게 이해되고 정립되어야 할 교회에 대한 기본적인 개념을 이 교재의 활용 가운데서 이루어 갈 수 있기를 바라며, 아울러 수많은 실천적 의미와 과제들을 폭넓게 나누어 볼 수 있기를 소망합니다.

끝으로 이 교재에서 다루는 천상의 비가시적인 교회와 지상의 가시적인 교회와의 연계성은, 인간의 관점을 기준으로 하는 것 아니라 하나님의 관점을 기준으로 하는 것임을 밝혀두는 바입니다. 그러므로 비가시적인 교회로서의 '공교회($\dot{\epsilon}\kappa\kappa\lambda\eta\sigma\iota\alpha$ $\kappa\alpha\theta\sigma\lambda\iota\kappa\eta$, Catholic Church or Universal Church)'가 가시적인 교회로서의 공교회와 연계되는 실질적인 형식은, 가시적인 교회들에 의한 연합의 방식이 아니라 오히려 '교회의 표지(sign or mark)'를 명확히 하는 방식에 따른 것입니다. 어떤 연합기구(Organization)나 인위적인 모임에 의하여 교회들이 가시적인 공교회를 이루는 것이 아니라, 하나님께서 택하신 백성으로서의 공통성과 그러한 공통성의 자연스러운 발현이라 할 수 있는 '표지'를 더욱더 명확하게 드러내는 가운데서 이 지상에 하나님의 택하신 백성들의 회중으로서의 공교회가 가시화하는 것이지요. 아울러서 그러한 표지의 발현은 결코 강압적이거나 형식적으로 이루어질 수 없는 것입니다. 로마 가톨릭교회의 중앙 집중적 위계 구조(Hierarchy)와 다르게, 프로테스탄트 교회-특히 장로교회-의 공교회적 구조는 개별적인 교회들의 자치성을 폭넓게 보장하면서도 공교회적인 신앙의 일치를 동시에 추구한다는 점에서 본질적인 차이를 보여줍니다. 그리고 다소 어렵게 느낄 수 있는 이러한 교회에 대한 이해들은, 진정한 교회가 무엇인지를 이해하고 그러한 이해를 바르게 적용하는 데 있어서 결정적으로 중요합니다. 그런즉 여섯 장으로 된 이 교재를 풀어가면서, 지금 우리 시대의 교회들이 회복해야만 하는 교회론의 본질을 차근차근 습득하게 되시기를 바라는 바입니다. 고백과문답

1.
'교회(Visible Church)'는,
'참된 신앙'을 고백하는 자들의 모임이다

현대 교회의 가장 큰 특징 가운데 하나는, 웅장한 규모의 예배당과 무수히 많은 회중으로써 드러나 보이는 가시성(Visibility, 눈으로 볼 수 있는 특성)이라고 할 수가 있을 것입니다. 우리의 눈에 보이는 대부분의 '교회'들이, 웅장한 건물과 그 건물 안에서 한꺼번에 쏟아져 나오는 무수한 회중의 모습으로써 가장 분명하게 식별되는 것입니다.

하지만 현대 교회의 그러한 가시성에도 불구하고 갈수록 진정한 교회를 찾아보기가 어렵다는 탄식이 늘어나고 있습니다. 마찬가지로 성도들 가운데서 진정한 교회란 어떤 교회인가? 라는 물음이 갈수록 늘어나고 있지요. 그 어떤 시대보다도 분명하고 거대한 크기와 규모로 만천하에 교회가 드러나 있음에도 불구하고, 그 이면에는 교리적인 빈약함과 도덕적인 타락상 가운데서 과연 그러한 모습이 진정한 교회의 모습인가? 하는 회의가 갈수록 번져가고 있는 것입니다. 그러므로 참된 교회란, 눈에 보이는 건물의

현대 교회의 설교자 조엘 오스틴(Joel Osteen)으로 유명한 레이크우드 교회당

크기나 회중의 규모가 아니라 모인 '회중(congregation)'의 영적이고 도덕적인 수준에 따라서 비로소 식별이 되는 것이라는 교회론(Ecclesiology)이 널리 공유되고 있습니다. 이처럼 교회에 대한 이해를 모인 회중의 관점에서 이해하는 교회론을 가리켜 '회중주의적 교회론(Congregational ecclesiology)'이라고 하지요.

그런데 이러한 회중주의적 교회론 즉, 예배당 건물이 아니라 그 안에 모인 사람들의 모임이 진정한 교회라고 하는 이해는 현실 가운데서 또 다른 모순에 봉착하곤 합니다. 예배당 건물이 아니라 모인 회중의 경건이나 도덕적인 수준을 상세하게 관찰하여 보자면 막연하고 맹목적인 종교심만을 가지고 있을 뿐인 경우를 찾아볼 수 있거나, 심지어 비도덕적인 모습들까지도 얼마든지 찾아볼 수가 있는 것입니다. 얼핏 경건하고 그럴듯하게 보이는 교회의 회중이라도, 오랜 시간을 두고서 구체적으로 살펴볼라치면 여느 인간사회와 별반 다르지 않은 세속적이고 지극히 인간적인 경박함을 여실히 확인할 수 있지요. 심지어 어떤 회중들의 믿음과 교리는 목회자의 가스라이팅(Gaslighting)이 전부라고 해도 무방할

거대한 체육관의 규모를 보여주는 레이크우드 예배당 내부와 회중

정도로 일방적이고 비이성적이거나, 가히 이단(heresy)이라고 해야 할 교리적 수준으로 부패해 있으면서도 온갖 그럴싸한 종교적 활동이나 사회적 봉사활동 등을 통해 선하고 좋은 이미지를 가장하고 있는 경우를 볼 수가 있습니다. 지극히 인간적인 수준의 유대와 친밀함 가운데서 그들 스스로 좋은 회중으로 이뤄진 교회라 자칭하곤 하는 것이지요.

그러나 교회란, 웅장한 예배당 건물이나 심지어 모인 회중의 규모나 종교적인 경험의 정도에 따라서 단순하게 규정하거나 설명할 수 있는 것이 아닙니다. 오히려 교회를 이 지상에 드러내 보이는 것은 참된 신앙이 무엇인가? 라고 하는 인식과 이해를 기초로 해서 이뤄지는 행실들-즉, 교회가 어떻게 운용되는가- 가운데서 비로소 가시화된다고 하는 이해를 바탕으로 하지 않는다면, 우리는 결코 진정한 의미의 교회에 대하여 이해할 수가 없음을 깨달아야

만 하는데, 이러한 교회의 이해를 가리켜서 '가시적 교회론(Visible Ecclesiology)'이라고 칭합니다. 교회는 단순히 예배당 건물이나 모인 회중들에 의해서가 아니라 어떠한 신앙의 원리와 방식으로써 운영되느냐에 따라서 비로소 사람들의 눈에 나타나 보이게 된다는 것이지요. 그러므로 진정한 의미에서의 교회란 무엇인가에 대한 이해에 앞서서, 먼저 "참된 신앙이란 무엇인가"에 대하여 이해해 보아야 할 것입니다. 참된 신앙이 무엇인지에 대한 정확한 이해를 바탕으로 해서야 비로소 참된 교회의 가시적인 형태가 무엇인지에 대한 이해도 가능한 것이니 말입니다. 안타깝게도 많은 현대의 교회들이 이러한 교회에 대하여 알지 못하거나 무의미하게 생각하여 건축물이나 사회적인 영향력을 증대시키는 데에 치중하지만, 역설적으로 그럴수록 교회의 사회적인 인식과 영향력에 있어서 부정적인 결과를 빚을 뿐인 실정이지요. 교회가 자체적으로, 그리고 사회를 향하여서 제공할 수 있는 진정한 은혜와 영향력은 교회조직의 규모나 재정능력에서 제공되는 것이 아니라 인간 영혼과 본성의 근본적인 문제와 그에 대한 해결책 혹은, 대안을 제시함에 있음에도 불구하고 말입니다.

'참된 신앙'이란 무엇인가?

하나님의 말씀으로서의 성경에서 벗어난 로마 가톨릭교회의 오류를 극복한 프로테스탄트(Protestant)로서의 신앙이란, 신앙과 생활의 모든 기준들을 '오직 성경'에 두는 신앙입니다. 하나님께 대한 참된 신앙과 그에 합당한 숭배는 인간 스스로의 자의적인 것(Will worship)이 아니라, 인간과 만물들을 창조하신 하나님께서 말씀(성경) 가운데서 규정하신 바에 근거하여야만 한다는 신앙 말입니다. 나중에 설명하겠습니다만, 이를 가리켜서 신앙에 있어서의 '규정적 원리(regulative principles)'라 칭합니다.

사실, 인간 스스로의 마음과 이성 가운데 있는 자연의 빛(lumen naturale, the light of nature, 혹은 본성-자연적 이성ratio naturale-의 빛)은, 하나님께서 창조하신 세상과 그 가운데 이뤄지는 섭리(Providentia, Providence) 가운데서 미미하게나마 하나님을 아는 지식(Knowledge of God)을 얻을 수가 있게 합니다. 그러므로 모든 종교는 바로 이러한 인간의 본성 가운데 있는 내면적인 빛에 근거하여 성립하는 것이지요. 태초에 모든 인류의 대표자로서 낙원(에덴동산)에 있었던 아담이 지니고 있었던 가장 탁월하고도 완전하게 지니고 있었던 본성적인 빛(light off nature), 그리고 그의 타락과 부패 이후로 그의 후손으로 태어나는 모든 인류가 지닌 본성적 직관력과 종교심은, 미약하나마 어느 정도의 탁월함을 통하여 하나님을 아는 지식을 어느 정도로 얻을 수가 있게 합니다.

이러한 자연적인(본성적인) 지식은 인류가 왜 모든 시대와 민족에 걸쳐서 종교를 공유하는가? 라는 의문에 대한 답변을 제공합니다. 거의 모든 인간사회에 항상 종교가 자리하고 있는 것은, 인간의 본성 안에 담긴 빛으로 말미암는 것이지요. 하지만 이러한 자연적 지식과 종교심조차도 사실은 인간 자신의 고유한 능력이 아니며, 오히려 하나님의 은혜(lumen gratiae)이자 계시(revelatio gratiae)로서 제공된 것입니다. 인간의 본성 가운데서 발휘되는 종교적인 통찰과 신비로운 종교심마저도 하나님의 계시(인간의 본성과 자연 만물들 가운데 담아주신 빛)를 통해서 비로소 정확하게 그 능력과 진가를 발휘할

수행(asceticism)은 인간이 지닌 본성의 빛을 탐구하며 의지하는 행위이다.

수가 있는 것입니다. 미약하게나마 인간의 본성 가운데 남아있는 그 빛조차도 사실은 인간을 창조하신 하나님으로 말미암은 것으로서, 아담의 타락 이후로는 더욱더 하나님의 은혜로 그 빛 혹은 형상(Image of God)이 그 능력을 발휘하는 것이지요.

그러나 이러한 지식(하나님을 아는 지식)과 믿음 즉, 인간의 본성(마음 혹은 이성) 가운데 담겨있는 자연의 빛을 통해서 얻는 지식과 종교심은 인간을 구원에 이르게 할 만큼 충분한 것이 아닙니다. 인간은 모든 인류의 대표자인 아담의 타락과 부패 이후로 하나님께서 창조하신 세상과 그 가운데서 일어나는 하나님의 섭리들을 보면서도 본성 가운데 있는 타락과 부패로 말미암아서 이를 온전히 이해하지 못하는 것입니다. 이처럼 아담의 타락으로 인해 부패하여 불완전하게 된 인간의 본성에 남아있는 자연의 빛으로 말미암아

발생한 것이 바로 '종교'인데, 그러한 종교를 가리켜서 '자연종교 (Natural Religion)'라고 하며, 로마 가톨릭이나 불교 등 일반적인 종교들이 모두 이러한 방식-인간의 본성 가운데 있는 자연의 빛에 근거하여 하나님을 알고 구원에 이르려는 방식-으로 성립해 있습니다(롬 1:18-23절을 참조).

반면에 자연종교의 오류-아담의 타락과 부패로 자연(혹은 본성)의 빛이 불완전하고 어둡게 됨에 따른 오류-를 극복하고 개혁한 신앙은, 기본적으로 자연(본성)의 빛이 아니라 하나님 자신의 계시와 가르침에 근거하여 성립한 것입니다. 하나님의 계시는 근본적으로 인간의 필요와 인식에 따라서가 아니라 하나님의 뜻과 정하신 바에 따라서 이뤄진 것인데, 처음에는 하나님께서 선택하신 사람들을 예언 혹은 선지자(נָבִיא, Nabi)로 사용하셔서 그 정하신 바를 계시하셨으나, 나중에는 하나님의 아들 예수 그리스도를 보내시어서 더욱 자세하고도 직접적으로 그 정하신 바를 계시하셨으며, 이후로도 그러한 계시들을 예수 그리스도의 제자인 사도들에 의해 기록되고 또한 보존되도록 하셨습니다(신 18:15-18; 행 3:20-24; 히 1:1-2). 그러므로 참된 신앙(Vera Fides, True Faith)이란 하나님 자신의 계시에 근거하여서야 비로소 성립할 수 있는 것이며, 그러한 하나님의 계시 또한 인간의 호기심과 탐구력에 의해서가 아니라 하나님께서 친히 말씀(혹은, 영감inspiration)하시고 기록하도록 하신 '성경'에 근거하는 것(딤후 3장-특히 15-17; 그리고 벧후 1:16-21)입니다.

성경은 "신앙과 생활의 규범으로서 하나님의 영감으로 주어진 것이다."

이러한 사실들-모든 것들의 진실(truth)은, 불완전한 이성의 능력과 빛에 의지하는 인간의 안목이 아니라 완전한 능력과 빛을 지니신 하나님의 관점에서 확정될 수 있습니다-은 누군가의 사상이나 철학에서 기원하는 것이 아니라 전부 다 성경에서 파악되는 것이며, 이러한 신앙의 기초와 원리들이 1647년에 웨스트민스터 총회에서 공포된 탁월하며 공신력 있는 신앙고백인 웨스트민스터 신앙고백서에 잘 정리되어 있습니다.

웨스트민스터 신앙고백 제1장은 성경에 관한 주제인데, 1항에 이르기를 "비록 자연의 빛, 그리고 창조와 섭리의 결과들(the works of Creation and Providence)이 사람에게 변명할 수 없을 만큼 하나님의 선하심, 지혜, 그리고 능력을 명백하게 나타낼지라도, 그것들은 구원에 필요한 하나님과 그분의 뜻에 대한 지식을 제공하기에 충분하지 않다. 그러므로 주께서는 여러 시기에, 또한 다양한 방식으로 그 자신을 나타내시며, 아울러서 하나님 자신의 뜻을 그분의 교회에 선포하기를 기뻐하셨다. 그리고 이후로 진리를 더욱더 잘 보존하고 전파하기 위하여 또한, 육신의 부패, 그리고 사탄과 세상의 악에 대하여서 교회를 더욱 확고하게 세우고 위로하기 위하여 그것들을 전부 기록하여 남기시기를 기뻐하셨다. 그러므로 (구원에 필요한 하나님과 그분의 뜻에 대한 지식을 얻는 데 있어서) 성경은 가장 필요한 것이다. 따라서 이제는 하나님께서 그의 백성에게 그의 뜻을 계시하시던 이전의 방법은 중단되었다.”고 했습니다. 구약시대나 신약시대에 계시의 방편으로 사용되었던 하나님의 현현이나 환상, 꿈 등의 방법으로써 계시하신 내용들을 기록한 성경 이외에 또다시 환상이나 꿈과 같이 특별하고 비상적인 방편으로 계시하지 않으신다는 것이지요. 그런즉 참된 신앙의 기초는, 그 어떤 신비적이고 초월적인 경험이 아니라 하나님의 말씀으로서 기록된 성경에 기록된 바와 그 가르침에 기반을 두고 있는 것입니다.

● 참된 신앙이란, 인간이 스스로 하나님을 찾고 발견해 가는 것입니까?

① Yes　② No

● 하나님과 그분의 뜻을 (구원에 이를 만큼) 충분하게 아는 것은 어떻게 가능합니까?

① 인간 자신의 이성과 종교심을 통해서 가능하다.
② 하나님의 계시(revelatio, revelation)를 바탕으로 가능하다.

● 하나님께서 마지막으로 사용하신 가장 탁월한 선지자는 누구입니까?

● 마지막 선지자는 하나님의 뜻과 그분의 말씀을 (   )으로 기록되어 보전되도록 하셨습니다.

● 이제 참된 신앙을 위하여 필연적이면서도 필수적인 계시의 수단은 무엇입니까?[1]

　　웨스트민스터 신앙고백 제1장은 1항에 이은 2항에서 구약과 신약의 목록 곧, 구약 39권과 신약 27권을 언급하면서 "이는 다 하나님의 영감으로, 신앙과 생활의 규칙이 되도록(to be the Rule of faith and life) 주어진 것"이라고 했습니다. 그런즉 웨스트민스터 신앙고백을 바탕으로 하는 참되고 바른 신앙은, 기본적으로 우리 자신의 본성 가운데 있는 종교심이나 탁월한 이성적 능력을 통하여 하나님을 찾아 찬양과 경배를 드리는 방식이 아니라 하나님의 계시의 말씀인 '성경'을 통하는 방식으로 이뤄지는 것입니다. 또한, 성경은 바른 신앙을 위해서만이 아니라 올바른 그리스도인의 생활을 위해서도 필연적으로 필요한 것입니다. 한마디로 성경은 하나님을 참되게 예배하기 위해서뿐 아니라 참된 삶(생활)을 위해서도 필수적이지요. 특별히 그리스도인 신자들이라면 더더욱, 예배뿐 아니라 실질적인 생활에 있어서 성경을 따라 행하는 삶이 필연적이라 하겠습니다.

그렇다면, 이제 그리스도인들은 성경을 바탕으로 각자가 개인적으로 신앙과 삶을 견지해 나가면 되는 것일까요? 성경에 기록한 바 하나님의 요구와 가르침을 따라서 개인적인 예배와 경건의 생활을 실천해 나가면 되는가 말입니다. 이와 관련한 답 역시도 우리는 성경에서 찾아야 할 것입니다. 성경은 "하나님의 영감으로, 신앙과 생활의 규칙이 되도록 주어진 것"이기 때문입니다. 또한, 이와 관련하여 웨스트민스터 신앙고백 제1장 6항에서는 "그분 자신의 영광, 인간의 구원, 신앙과 생활에 필요한 모든 것들에 관한 [삼위일체] 하나님의 모든 논의(The whole Council)는, 성경 가운데에 명백하게 기록되어 있거나, 성경으로부터 선하고 필연적인 결과를 추론함으로써 도출해 낼 수가 있다."고 더욱 자세하게 설명하고 있습니다. 즉, 성경에 근거하는 참된 신앙과 그것을 실천해 가는 삶은 성경에 명시한 바를 따라서 그대로 실행하는 방식으로써, 그리고 성경이 교훈하는 바를 잘 숙고함으로써 찾을 수 있는 필연적인

프랑스의 첫 개혁교회 총회의 중심에는 성경이 있었다.

결론을 따라 행하는 방식으로 실천해 나갈 수 있는 것입니다. 그 때문에 웨스트민스터 신앙고백 제1장 6항은 계속해서 "이에 따라 어느 때에라도 성령님의 새로운 계시나 인간의 전통에 의해 어떤 것이 더하여져서는 안 된다."고 했습니다. 한마디로 하나님께 영광을 돌리는 예배, 인간이 구원에 이르는 길, 신앙뿐 아니라 생활에 필요한 모든 답변들이 하나님의 직접적인 계시나 성령님의 새로운 계시와 같은 방식으로서가 아니라 이미 기록된 성경(Scripture) 가운데 주어져 있다는 것입니다. 그리고 이미 기록된 성경은 구약에서뿐 아니라 신약에서도 그리스도인들이 개인적으로나 가정 안에서, 그리고 더욱 공적으로 함께 모인 가운데서 신앙과 삶을 실천하였음을 반증하고 있습니다. 예컨대 구약시대에 출애굽 한 광야의 이스라엘 백성들의 무리를 가리켜서 "광야 교회"(행 7:38)라고

했고, 고린도 등지에 흩어져서 모인 그리스도인들의 무리를 가리
켜서 "고린도에 있는 하나님의 교회"(고전 1:2)라고 한 것은 그 대표
적인 예이지요.

● 그렇다면, 우리들은 신앙과 삶의 모든 답변을 어떠한 방식으로 찾아야 할
까요?[2]

● 우리들이 일상적으로 하는 기도(pray) 또한 무엇에 근거하여야 하겠습니
까?[3]

● 또한, 우리가 드리는 예배는 무엇에 근거하여 드려야만 하는 것입니까?[4]

　신앙에 있어서 개인적이고 사적인 성격이 아니라 공적인(public)
성격을 단적으로 바라볼 수 있는 것이 바로 '예배(worship)'의 자리
일 것입니다. 웨스트민스터 신앙고백 제21장에서는 "경건한 예배
와 안식일"에 관한 주제 가운데서 3항에 언급하기를 "감사함으로
드리는 기도는 경건한 예배에 속하는 한 특별한 요소"라고 했는데,
이러한 언급은 심지어 개인적으로 드리는 기도라고 할지라도 예배
에 속하는 요소에 분명히 포함되는 것임을 말하는 것입니다. 한마

디로 기도는 개인적인 예배의 자리에서라 할지라도 "예배에 속하는" 요소로써 드려지는 것이라는 말이지요. 동시에 웨스트민스터 신앙고백 제21장은 개인적이고 사적인 예배만을 언급하지 않고, 더욱 공적인 예배(혹은 공적 집회)를 언급했습니다. 즉, 경건하고 참된 신앙 가운데서 '공적으로 모이는 예배의 자리(the public Assemblies)'를 염두에 두고 있는 것이니, 이는 예배의 회중으로 모이는 '교회'를 전제하는 것이지요. 이는 성경에 기록하고 있는 이스라엘의 역사 가운데서 단적으로 확인할 수 있는 바인데, 행 7:38절에 언급된 "광야 교회"는 모세 홀로 기도하는 모습이 아니라 이스라엘 온 회중의 모습으로 이뤄졌으며, 심지어 그 회중에는 애굽에서 이스라엘 백성들과 함께 나온 "수많은 잡족"(출 12:38)들도 포함되어 있었습니다. 그리고 창 4:26절에서는 "셋도 아들을 낳고 그의 이름을 에노스라 하였으며 그 때에 사람들이 비로소 여호와의 이름을 불렀더라."고 하여, 아담의 후손들 가운데서 이미 하나님께 희생제물을 드리는 회중의 모임(예배)이 이뤄졌음을 밝히고 있습니다. 또한, 창 4:3-4절은 가인과 아벨이 제물을 여호와께 드렸다고 하여, 창세로부터 하나님을 예배하는 자들이 항상 있었음을 알 수가 있으며, 그러한 모임을 가리켜서 '교회'라 칭하는 것임을 행 7:38절에 언급한 "광야 교회"에서 유추해낼 수가 있습니다.

사실, 성경은 우리의 신앙과 삶에 있어서 부수적인 자리에 있지 않습니다. 마치 필요한 때마다 참고할 만한 책이 아니라 언제든지 읽고 따라 행해야만 하는 필독서(Must read)이자 유일한 책이 바로

'성경'입니다. 그러므로 참된 신앙이 어떠한 것이고 교회가 무엇인지에 관한 답변 역시, 다른 어딘가에서나 누군가에게서가 아니라 성경에서 얻을 수 있습니다.

하지만 성경을 통하여 누구나 신앙과 생활에 필요한 모든 것들에 관하여 곧장 깨닫고 순종할 수 있는 것은 아닙니다. 사도 베드로는, 벧후 3:1-2절에서 밝히기를 "사랑하는 자들아 내가 이제 이 둘째 편지-즉, 베드로후서-를 너희에게 쓰노니 이 두 편지로 너희의 진실한 마음을 일깨워 생각나게 하여, 곧 거룩한 선지자들이 예언한 말씀-즉, 구약성경-과 주 되신 구주께서 너희의 사도들로 말미암아 명하신 것-나중에 구약성경과 더불어서 신약성경으로 정경화 되는 내용들-을 기억하게 하려 하노라."고 했는데, 후에 16절에서 이르기를 "또 그 모든 편지에도 이런 일에 관하여 말하였으되 그 중에 알기 어려운 것이 더러 있으니 무식한 자들과 굳세지 못한 자들이 다른 성경과 같이 그것도 억지로 풀다가 스스로 멸망에 이르느니라"고 하여, 누구나 성경을 읽는 족족 바르게 이해되고 그에 순종하게 되는 기록이 아님을 말하였습니다. 그러므로 웨스트민스터 신앙고백 제1장 7항은 고백하기를, "성경 안에 있는 모든 것들은 그 자체로 명백한 것이 아니며, 또한 모든 사람에게 똑같이 명료하게 이해되지도 않는다."고 했는데, 이는 성경이 그 자체로 완전한 것이 아니라는 말이 아니라 누구나 성경의 뜻과 의미를 분명하게 깨달을 수 있는 것이 아니라는 말입니다. 실제로 많은 이단(Heresy)들이 성경을 그야말로 "억지로 풀다가 스스로 멸망에

출애굽 한 백성들은 하나님의 율법이 새겨진 두 돌판이 담긴 언약궤가 있는 성막-안에 율법이 있음-을 중심으로 한 국가 교회를 이루었다.

이르"는 길(이단의 길)을 갔습니다.

이처럼 성경은 "하나님의 영감으로, 신앙과 생활의 규칙이 되도록 주어진 것"이지만, 누구나를 막론하고 읽고서 이해할 수 있는 기록물이 아닙니다. 오히려 성경은 인간에 의해 기록되고 전수되었음에도 성령님의 영감(inspiration)에 따라 기록될 수 있었던 것이기에, 이를 읽는 사람 안에서 역사하시는 성령님의 내적인 사역-이를 가리켜서 조명(Illumination)이라 한다-으로 인하여서야 제대로 이해하고 실천할 수가 있는 책입니다. 그런즉 "우리가 (성경의) 확실한 진리와 그 신적인 권위(divine authority)를 전적으로 납득하고 확신하는 것은 성령님께서 우리의 마음 가운데서 말씀을 통하여, 그리고 말씀과 함께 증거하시는 내적인 역사(the inward work)

로 말미암는 것"(웨스트민스터 신앙고백 제1장 5항)입니다. 아울러서 "구원을 위하여 알아야 하고 믿어야 하며 또한, 지켜야 할 것들은 성경 어디에나 너무나도 분명하게 제시되고 설명되어 있으므로, 학식이 있는 사람뿐만이 아니라 학식이 부족한 사람이라도 통상적인 수단들(the ordinary means)을 적절하게 사용한다면 충분히 이해할 수가 있다."(웨스트민스터 신앙고백 제1장 7항)고 한 문구에서 알 수가 있듯이, 성령님의 내적인 조명과 증거는 소위 말하는 연속적 계시(Continuationism)나 종교적 감수성(religious sentiment) 가운데서가 아니라 부지런히(즉, 규칙적으로) 성경을 읽고, 성경에 대하여 잘 훈련한 사역자의 가르침을 받는 가운데서 이루어지는 것이기도 하지요. 요 4:24절에서 주 예수 그리스도께서는 사마리아의 한 여인에게 이르시기를 "하나님은 영이시니 예배하는 자가 영과 진리로 예배할지니라."고 말씀하셨는데, 그 말씀은 성경의 진리에 대한 이해와 확신, 그리고 그러한 이해와 확신을 가능케 하는 성령님의 내적인 사역에 의하여 참된 예배가 이뤄짐을 가르치신 말씀입니다. 또한, 이를 위하여서 말씀의 일꾼이자 교사인 목사를 세우셨는데, 그러한 목사는 예수 그리스도나 성령님과 같은 특별하고 내적인(Extraordinary) 사역을 수행하는 것이 아니라 웨스트민스터 신앙고백 제1장 7항에서 언급한바 "통상적인 수단"을 통한 사역을 수행하는 직분자입니다. 한마디로 교회의 통상 직원(ordinary officer)인 목사는, 주님이나 성령님처럼 특별하고 비상적인 이적과 기사를 행하는 것이 아니라 통상적인 말씀의 일꾼으로서의 사역(성경을 연구하고 탁월한 이해와 통찰 가운데서 이를 공적으로 가르치는)을 수행하는 자인 것입니다. 그러므로 "학식이 있는 사람뿐만이 아니라 학식이 부족한 사람"이 적절하게 사용하는 통상적 수단에는, 교회의 통상적인 말씀의 사역을 수행하는 일꾼인 목사가 수행하는 가르침 사역이 대표적이라 하겠습니다. 바로 이러한 이유로 고전 14:6절에서 사도 바울은 고린도 지역에 흩어져 있는 교회의 그리스도인들에게, "그런즉 형제들아 내가 너희에게 나아가서 방언으로 말하고 계시-성경의 계시-나 지식-성경에서 얻는 진리의 지식-이나 예언-성경의 진리를 가르치고 선포하는 것-이나 가르치는 것으로 말하지 아니하면 너희에게 무엇이 유익하리요."라고 말했던 것이지요.

● 웨스트민스터 신앙고백 제1장의 조항들로 볼 때, 참된 신앙의 근거는 오직 성경일 뿐이며 교회의 문화나 관습들은 참된 신앙을 담고 있는 부차적인 것들일 뿐일까요?[5]

● 무교회주의(Non-church movement)에 대하여 알고 있는 바를 나누어봅시다.

조선에 기독교가 전파된 이후에 연이어 벌어진 일제 강점기 때에, 김교신(1901-1945), 함석헌(1901-1989), 송두용(1904-1986), 장기려(1911-1995) 등의 인물들이 우치무라 간조(1861-1930)의 영향을 받아서 부패하고 타락한 제도교회에 속하기만을 힘쓰는 대신에, 성경의 진리를 깨닫고 실천하는 신앙 운동을 펼쳤습니다. 그러한 신앙 운동은 사실 일제하 신사 참배를 수용하고 이단적이고 어용적인 교회와 목사들에 대한 강한 문제의식을 배경으로 하는 것이었지만, 성경은 교회 자체를 부정하거나 부차적인 것으로 취급하지

조선의 기독교에 영향을 끼친 일본의 신학자 우치무라 간조(內村鑑三, 1861-1930)

않고 오히려 "나 예수는 교회들을 위하여 내 사자를 보내어 이것들을 너희에게 증언하게 하였노라."고 한 계 22:16절 말씀과 같이 더욱 보호하고 보전하고자 한 것을 볼 수가 있습니다.

또한, 딤전 3:15절은 "이 집은 살아 계신 하나님의 교회요 진리의 기둥과 터니라."고 하여, 그 필연성을 분명하게 밝히고 있습니다. 그러므로 우리들은 개인적으로 참된 신앙과 경건만을 추구하면 된다고 생각하는 것이 아니라 공적인 교회에 대한 올바른 이해와 더불어서, 그러한 교회를 이루려고 하는 신앙적이고 실천적인 수고와 헌신의 자세를 반드시 지향하여야만 하는 것입니다. 타락하여 부패한(Total Depravity) 인간의 본성은 혼자서 스스로 경건을 완성할 수가 없으며, 하나님의 말씀에 따른 가르침과 권면이 항상 필요하기 때문이지요. **ㄱㅁ** 고백과 문답

Column: 우리는 진정, 교회로 드러나 있는가?

표준국어대사전에 따르면, 교회는 "예수 그리스도를 주(Lord)로 고백하고 따르는 신자들의 공동체. 또는 그 장소"다. 그리고 구약시대에까지 소급될 수 있는 유대인들의 관점에서는 '회당'이라 번역된 'בית כנסת'(bet knesset), 조금 더 익숙한 어휘로는 'συναγωγή'(synagogue)라는 단어가 '교회'를 의미하는 것으로 볼 수 있다. 마찬가지로 신약시대에 교회의 호칭이었던 'ἐκκλησία'(Ecclesia) 또한, 어떠한 목적을 가지고서 모인 무리들을 통칭하는 광범위한 용도의 용어이다. 그러므로 '교회'라는 용어 자체에는, 기본적으로 '장소' 혹은 '모인 무리'를 가리키는 의미만이 함의되어 있다.

그런데 유대인 회당의 역사를 보면, 장소적 의미의 중요성이 이미 폐기되었던 역사를 담고 있다. B.C. 587년에 예루살렘이 바빌론 제국에 의해 점령되고 예루살렘의 '성전'이 파괴된 이후로, 유대인들은 성전이라고 하는 한정적인 장소가 아니라 '회당'이라 불리는 다양한 장소에서의 회집을 통하여 여호와 하나님을 예배하게 되었다. 물론 후대에 예루살렘에 돌아와서 다시 성전이 세워지고 성전 중심의 예배형태가 갖추어졌지만, 신약시대에 예수께서 이 땅에 출생하신 이후로는 더 이상 특정한 장소만을 지칭하는 교회의 의미는 중요하지 않게 되었다. 요 4:20-26절에 기록되어 있는 바, 진정한 예배와 공동체로서의 교회는 예루살렘이나 그리심 산과 같은 특정한 장소가 아니라 "영과 진리로" 참되게 예배하는 가운데서 분별할 수 있다. 한마디로 성전에 모여야만 비로소 교회를 이루게 되는 것이 아니라 하나님의 말씀으로서의 진리를 선포하고, 선포된 말씀이 하나님의 말씀이자 참된 진리임을 동의하는 가운데서 드리는 "λογικὴν λατρείαν"(logikēn latreian) 곧, "영적 예배"가 이뤄지는 가운데서 비로소 교회를 이루게 되는 것이다.

사실, 교회는 구약시대나 신약시대, 그리고 현대에 이르기까지 결코 변화하였거나 새롭게 규정된 것이 아니다. 오히려 참된 의미에서의 교회는 태초부터 종말에 이르기까지 변하지 않은 본질 가운데 자리하고 있었다. 물론 그 외형이나 형편은 시대마다 변화한 듯 보이지만, 그 본질이자 원형은 항상 변하지 않는 것으로서 자리해 왔는데, 이러한 교회의 본질이자 원형을 가리켜서 'Invisible church' 즉, '보이지 않는 교회'라 칭한다. 교회의 본질이자 원형은 눈으로 볼 수 없는-유한하며 물질적인 어떤 것으로 표현할 수 없는- 것이니, 유대인들이 생각했던 것처럼 예루살렘 성전에 모이는 것으로서나, 사마리아 사람들이 생각했던 것처럼 그리심 산에 있는 성전에 모이는 것으로 분별할 수 있는 것이 아니라 예수께서 친히 이르신바 "영과 진리로 예배"(요 4:23)하는 자리라면 어디나 상관이 없이 교회를 이루며 나타내 보일 수가 있다. 그러므로 교회는 특정한 부동산을 통하여 고정적으로 설립할 수 있는 것이 아니라 성경의 진리를 바르게 선포하고 동의하는 회중들 가운데서 비로소 교회로서 보이게 되는 것이다.

이처럼 교회는 그 본질이나 원형에 있어서 특정한 장소, 혹은 회중 자체를 의미하지 않는다. 만일에 교회의 본질이나 원형이 특정한 장소, 혹은 모인 무리 자체를 의미하는 것이었다고 한다면, 열왕기상 19장에서 엘리야가 여호와 하나님께 말한바 "오직 나만 남았"(10절)다고 한 것에서 알 수 있듯이, 엘리야 때에 여호와 하나님의 백성들로 이뤄진 교회는 이 세상에서 그 자취를 감추었다고 말할 수 있을 것이다. 엘리야가 아무리 신실한 선지자였다고 하더라도 그 혼자서는 교회를 이룰 수가 없는 것이기에, 이스라엘에 하나님의 교회는 사라져버리고 말았다는 의미로서 그처럼 말한 것이다.

하지만 여호와 하나님께서는 오직 나만 남았다고 말하는 엘리야에게 이르시기를 "내가 이스라엘 가운데에 칠천 명을 남기리니 다 바알에게 무릎을 꿇지 아니하고 다 바알에게 입맞추지 아니한 자니라"고 하시어서 엘리야의 눈으로 분별하지 못한 하나님의 백성들이 아직도 무수히 많으며, 또한 그러한 자들로 이뤄진 교회가 여전히 이스라엘에 존재하고 있음을 말씀하셨다. 가시적인 교회로서만 보자면 엘리야 때에 이 지상에 하나님의 말씀을 따라서 드리는 영적 예배의 공동체가 어디에도 없었지만, 비가시적인 교회의 관점에서 보자면 무수히 많은 하나님의 백성들로 이뤄진 참된 교회를 여전히 볼 수가 있었던 것이다. 무엇보다도 이 지상에 드러나 있는 '가시적인 교회'와 이 지상에서는 온전히 분별할 수 없는 참되고 진정한 교회인 '비가시적 교회'는 결코 분리되어 따로 존재하는 것이 아니다. 오히려 사람의 눈으로 분별할 수 없는 비가시적 교회이자 참된 교회는 언제든 이 지상에 그 성립과 존재를 드러내게 마련이니, 하나님의 말씀이자 주 예수 그리스도의 복음으로 선포되는 진리와 그 명하는 바에 대하여 전적으로 동의하며 수용하는 회중들의 화답 가운데서 이 지상에서 가시적으로 드러나게 되는 것이다. 그러므로 이 지상에 존재하는 가시적인 교회의 일꾼들인 목사와 장로들, 그리고 집사들은 자신들이 섬기고 봉사하는 교회가 비가시적인 참된 교회에 포함되는 교회가 되도록 하는 일에 헌신하는 일꾼들이며, 가시적 교회와 비가시적 교회로 구별되되, 따로 분리되지도 않는 그러한 교회의 개념을 바르게 이해하고 있는 자들이어야만 한다. 참된 교회인 비가시적 교회가 무엇이며, 이 지상에서 불완전하게 드러나 있는 가시적인 교회가 어떻게 참된 교회에 포함될 수 있는 것인지를 정확하게 이해하고 섬기는 자들이어야만 하는 것이다.

그러나 안타깝게도 "하늘 아래 가장 순수한 교회라도 (이 땅에서는) 혼합과 오류에 빠지며, 또한 어떤 교회는 그리스도의 교회가 아니라 사탄의 회당이 될 만큼 퇴행하기도 한다"(WCF 25-5)고 한 신앙고백서의 문구를 고스란히 입증하듯이, 작금의 많은 교회들 가운데서 비가시적인 교회와 가시적인 교회의 개념을 제대로 이해하고 있는 성도들을 찾아보기가 어려운 것이 엄연한 현실이다. 그 용어 자체와 그 의미하는 바를 알고 있다고 하더라도, 그 두 용어가 어떻게 하나로 일치될 수 있는지에 관한 이해와 숙지를 결여한 채

주먹구구로 사역하는 자들을 얼마든지 찾아볼 수가 있는 것이다. 예컨대 "보편 교회(Catholick Church, 혹은 '공교회')를 이루는 개별 교회(particular Church)"(WCF 25-4)여야만 하는 많은 교회의 사역자들이 "순수하게 복음의 교리를 가르칠"만한 역량을 갖추지 못하고 있으며, 또한 회중들도 순수한 복음의 교리를 받아들이지 않고, "성례와 공적인 예배"의 형식들도 복음의 교리와는 무관하게 자신들의 감정과 종교심만을 자극하는 희한한 형태의 신앙을 추구하고 있다. 그러므로 심지어 순수한 복음의 교리를 가르치고 받아들인다고 하는 교회들에서마저도 거듭난 신자들의 모습과는 거리가 먼 시기와 욕심, 그리고 허영심과 기만의 행태들을 얼마든지 찾아볼 수가 있으니, 웨스트민스터 신앙고백 제25장 5항에서 고백하는바 "그럼에도 불구하고 하나님의 뜻-즉, 규정적 원리(regulative principle of worship)-에 따라 하나님을 예배하는 교회가 이 지상에 항상 있을 것"이라고 한 문구가 현실성이 없이 나이브(naive)하게 보일 지경이다. 그런즉 지금 우리가 속한 교회라는 공동체가 과연 어떠한 의미로서 교회를 이루는 것인지, 가장 먼저 주님을 머리로 하여 그의 뜻을 따라 교회를 섬기는 일꾼인 사역자들부터 진지하게 성찰하여야 할 것이다. 하나님의 택하심 가운데서의 유일한 교회인 비가시적 교회를, 이 지상의 가시적인 개별 교회들 가운데서 얼마나 입증하며 드러내고 있는지를 말이다.

<h1 style="text-align:center">2.
'참된 교회'는
단 하나의 유일한 교회다</h1>

'참된 교회'란 무엇인가?

참된 교회란, 기본적으로 우리가 현실에서 흔히 볼 수 있는 개별 교회들을 지칭하는 것이 아니라 참된 믿음이 아니고서는 볼 수조차 없는 '보편적 교회'(The Catholick or Universal Church)를 말하는 것입니다. '가톨릭(Catholick)'이라는 단어는 '보편적인'이라는 뜻의 그리스어 '카톨리코스(καθολικός)'에서 유래한 것으로서, '카톨리코스'는 '카톨로우(καθόλου)'와 같은 의미이며 관용구인 '카스 홀로우(καθ' ὅλου)' 즉 '모든 것에 따르면' 또는 '모든 것을 통하여'라는 뜻을 지지고 있습니다. 또한, '가톨릭'은 '특정한' 혹은 '개별적인'이라는 뜻의 반대 개념인 '공동의' 혹은 '보편적'이라는 의미도 지니고 있는데, 바로 이러한 용법에 따라서 'The Catholick Church'를 '보편적 교회' 혹은 '공교회'라고 번역하였습니다. 웨스트민스터 신앙고백 제25장 1항은 이러한 보편 교회에 관하여 서술하기를, "보이지 않는 보편적 혹은 공동의 교회는, 그것의 머

스위스 제네바의 '종교개혁자의 벽'에 조성된 기욤 파렐, 장 칼뱅, 테오도르 베자, 존 낙스의 석상. 이들은 모두 참된 교회에 대한 명확한 이해를 지니고 있었다.

리가 되시는 그리스도 아래에 한 몸으로 모였었고, 또한 모였으며, 모일 택함을 입은 자들의 총수(the whole number)로 이루어져 있다."고 했는데, 이 말인즉 참된 교회라는 것은 하나님의 택하심 가운데 주 예수 그리스도를 머리로 하여 과거부터 이미 모였으며, 지금 모여있을 뿐 아니라 앞으로도 모이게 될 모든 하나님의 백성들을 말하는 것입니다. 그러므로 '참된 교회'라는 호칭은 이 지상에 있는 개별 교회에는 직접적으로 사용할 수가 없으며, 다만 하나님의 택하심 가운데서 모든 시간과 역사를 초월하여 유일하게 즉, 오직 '하나'(uni-)로서만 있는 교회를 가리키는 말이지요. 엡 1:23절에서 사도가 말한바 "교회는 그-주 예수 그리스도-의 몸이니 만물 안에서 만물을 충만하게 하시는 이의 충만함이니라."는 말씀이나

5:23절에 기록한바 "그리스도께서 교회의 머리 됨"이라는 말씀은 사람의 눈에 쉽게 분별이 되지 않는 보편적 교회 혹은 공교회를 가리키는 말씀입니다.

● 사도신경에서 고백하는 "거룩한 공교회(Holy Catholick Church)"란 어떠한 교회를 말하는 것일까요?[6]

● 골 1:18절 말씀은 거룩한 공교회가 유일하며 오직 하나인 교회인 이유가 누구로 말미암아서임을 가르칩니까?[7]

막 10:9절에서 예수 그리스도께서는 자신을 시험하려고 "사람이 아내를 버리는 것이 옳으니이까." 라고 물은 바리새인들에게 답하시기를, "하나님이 짝지어 주신 것을 사람이 나누지 못할지니라."고 말씀하셨습니다. 이 답변은 단순히 인간의 결혼 관계에 대한 답변인 것이 아니라 그분의 몸인 교회와의 관계를 염두에 두신 것이었는데, 이는 엡 5:22-33절에서 사도 바울에 의하여 설명된 바와 같습니다. 즉, 주 예수 그리스도의 몸인 교회(Holy Catholick Church)는 그 머리인 그리스도로 인하여(엡 5:23; 골 1:18) 하나로 통일되어 있는 것(엡 1:10)을 결혼 관계의 연합과 통일됨으로써 설명한 것이지요. WCC(World Council of Churches) 운동은 바로 이러한 교회

로마 가톨릭교회가 주도하는 WCC 운동에 동조하는 여러 종파의 대표들이 모였다.

의 통일됨을 이 지상에 존재하는 개별적인 교회들에 직접적으로 적용하여 'Ecclesiam Unam Sanctam' 즉, '하나의 거룩한 교회(지상의 가시적인 교회)'를 지향하는데, 이는 이 지상에 있는 눈에 보이는 교회들에 직접적으로는 적용될 수가 없고, 다만 눈에 보이지 않는 보편적 교회와 그 교회의 머리이신 예수 그리스도로 말미암은 연합과 통일됨을 오해하여 이 지상의 보이는 교회들 가운데서 인위적으로 이루고자 하는 것이며, 심지어 예수 그리스도로 말미암는 참된 교회의 연합과 통일됨에도 역행하는 점에서 결코 동조할 수 없는 양상입니다. 이 지상에 보이는 무수한 그리스도인들과 교회들의 경건치 못한 모습들 가운데서도, 오직 주 예수 그리스도를 믿는 믿음 안에서의 연합(그것은 신자들에 의해 인위적으로 혹은, 가시적으로 이룰 수 없는 연합이다)은 항상 이루어져 있음을 사도신경의 "거룩한 공교회를 믿사오며” 라는 신앙고백 가운데서의 되새김을 간과하는 비본질적인 연합을 꾀하는 것이 바로 WCC와 같은 에큐메니즘(Οικουμένη, Ecumenism) 운동이기 때문이지요. 그런즉 그리스도 안에서의 진정한 믿음의 일치와 연합을 이루는 것이야말로 모든 시대와 온 세상에 흩어져 있는 그리스도인들을 하나의 공교회로 연합하게 하는 것인데 반하여서, 이 지상의 가시적인 교회들은 오히려 무수한 죄악과 부패로 말미암는 분열을 일삼을 뿐인데도 불구하고 그처럼 무수한 죄악과 부패를 간과해버리고 형식적인 연합과 일치를 꾀하는 것이 얼마나 기만적이며 가증한 것인지를 직시해야 할 것입니다.

한편, 과거와 현재, 그리고 미래와 종말을 아우르는 하나님의 택하심 가운데 있는 보편적인 교회는 사람의 눈으로 식별될 수 없는 것만은 아닙니다. 만일에 보편 교회(Catholick Church)가 그처럼 눈으로 볼 수 없는 성격으로만 존재한다면, 엄밀하게 말할 때 이 세상에서는 결코 교회를 볼 수가 없을 것이며, 이 세상에서는 결코 그러한 교회에 속할 수도 없을 것입니다. 만일에 그러한 것이 진정한 의미에서의 교회라고 한다면, 그러한 교회는 죽은 뒤나 종말의 때에 천국에 이르러서야 비로소 볼 수가 있을 것이고 또한, 그것에 속할 수도 있을 것입니다. 하지만 고전 1:2절에서 사도 바울은 “고린도에 있는 하나님의 교회 곧 그리스도 예수 안에서 거룩하여지고 성도라 부르심을 받은 자들과 또 각처에서 우리의 주 곧 그들과 우리의 주 되신 예수 그리스도의 이름을 부르는 모든 자들에게” 라고 말하여서, 이 지상에 있는 하나님의 택하심을 입은 성도들로 이뤄진 교회가 바로 “하나님의 교회”라는 사실을 분명하게 가르쳐 주고 있습니다. 특별히 고린도(Korinthos) 지역에 흩어져 있는 작은 교회들-당시에는 가정이나 유대인의 회당과 같이 특정하게 모일 수 있는 소규모의 장소에서 회집이 이루어 졌다-, 그리고 다른 지역들에 흩어져 있는 성도들의 회집을 가리켜서 분명하게 “하나님의 교회”라고 칭했습니다. 마찬가지로 행 7:38절에서 사도는 구약시대에 광야에 모였던 백성들을 가리켜서 “광야 교회”라 칭하면서, 그 시절에 “살아 있는 말씀을 받아 우리-이스라엘-에게 주던 자가 이 사람-즉, 예수-이라.”고 했습니다. 그런즉 구약시대에나, 신약시대에나, 그리고 지금도 하나님의 참된 교회가 이 지상에 분명하게 존재할 수 있으며, 또한 존재하고 있음을 알 수가 있습니다. 아울러서 이러한 교회에 관한 분별이나 조망-참된 교회이자 비가시적인 교회가 이 지상에 가시적으로도 존재한다는 조망-은, 참된 신앙의 근거인 성경에 대한 믿음과 확신에 그 바탕을 두고 있는 것입니다.

● 고전 12:13절에서, 사도 바울은 “유대인이나 헬라인이나 종이나 자유인이나” 어떻게 한 몸을 이룬다고 했습니까?[8]

● 고전 12:27절에서 사도는 여러 민족과 여러 신분 가운데서 그리스도를 믿

는 신자들로 모인 고린도에 있는 교회들을 가리켜서 무엇이라 말했습니까?[9]

● 행 2:39절에서 베드로 사도는 "예수 그리스도의 이름으로 세례를 받고 죄 사함을 받으"며 또한, "성령의 선물을 받"는 자들을 어른들만으로 한정했습니까?[10]

● 고전 1:10절에서 사도 바울은 고린도 교회가 온전히 연합하게 되기 위하여 어떻게 행하라고 권면했는가?[11]

이처럼 성경은 여러 지역과 여러 민족으로 각각 흩어져 있는 초기 교회의 모습 가운데서도, 오히려 그처럼 흩어져 있는 교회들이 그리스도와 성령 안에서 한 몸이요 지체임을 분명하게 밝혀두고 있습니다. 이 지상의 교회는 지역과 민족적 배경 등에 따라 각각이 다른 모습으로 보인다고 할지라도, 한 분 하나님의 택하심과 한 성령으로 말미암는 믿음 가운데서 하나로 연합되어 있음을 가르치고 있는 것입니다. 비록 누가 택하심을 입은 백성인지를 이 지상에서는 명백하게 구분할 수가 없다는 점에서 비가시적인(Invisible) 특성을 지니고 있다고 할지라도 한 분 하나님의 택하심과 그분의 주권(Lordship) 가운데서 오직 하나인 그 교회(거룩한 공교회)만이 참된 교회이며, 그러한 교회는 이 지상에서 무수한 시대와 지역으로 나뉘고 흩어져 있다고 할지라도 한 성령과 그리스도 가운데서 한 몸

1912년에 평양에서 개최된 조선예수교장로회 제1회 총회. 조선에 전파된 장로교회는 원래 하나의 교단이었다.

이요 각각의 지체를 이루고 있음이 분명한 것이지요. 우리가 예배 때마다 되뇌는 사도신경의 "거룩한 공교회……를 믿습니다." 라고 하는 신앙고백처럼 말입니다.

지상에 있는 교회는 어떤 교회인가?

웨스트민스터 신앙고백은 제25장 2항에서 "가시적인 교회 또한, (이전에 율법 아래서와 같이 한 민족에 한정되지 않고) 복음 아래서 보편적 혹은 공동의 교회이니, 그것은 세상의 참된 신앙을 고백하는 모든 자들과 그들의 자녀들로 구성되어 있다."고 했습니다. 과거, 현재,

그리고 미래에 걸쳐서 하나님의 택하심을 입은 자들로 이뤄진 눈에 보이지 않는 보편적 교회 혹은 공교회와 마찬가지로, 현재 이 지상에 있는 교회들도 "참된 신앙을 고백"함에 근거하여 보편적 혹은 공동의 한 교회를 이루고 있다는 것입니다. 그러므로 WCC와 같이 인위적이고 제도적인 통합으로써 하나의 교회를 이루려는 것이 아니라도, 이 지상에 있는 개별적인 교회들 역시도 "참된 신앙을 고백"함에 근거하여서 참된 교회에 속하는 한 교회-그리스도의 몸된 교회-를 이루게 되는 것입니다. 그런즉 어떤 교회나 신자들이라고 할지라도, 참되고 일치된 "신앙고백(confession)"이 없이는 진정한 의미의 교회를 이 지상에서 가시적으로 구현해 낼 수가 없는 것인데, 안타깝게도 바로 이 점에 있어 웨스트민스터 신앙고백을 각 교단의 공적인 신앙으로 채택한 한국의 장로교단들과 개별 교회들의 현실은 지극히 비참한 수준입니다.*

그렇다면, 지상에 있는 교회들은 구체적으로 어떠한 교회여야 할까요? 웨스트민스터 신앙고백은 이 지상에 있는 교회를 가리켜서 "가시적인 교회(the visible Church)" 혹은 "눈에 보이는 교회"라고 했는데, 그러한 언급이 의미하는 바는 무엇일까요?

---

* 대한민국의 어떤 장로교단이나 개별 교회도 웨스트민스터 신앙고백을 올바르게 이해하고 숙지하며, 이를 따라 실천한다고 말할 수 없는 실정이다. 각각의 개별 교회들뿐 아니라 노회나 총회 차원에서도 웨스트민스터 신앙고백의 항목들과 조항들을 바르게 이해하고 적용하는 경우를 거의 찾아볼 수가 없는 것이다.

　성경에서 크게 벗어난 로마 가톨릭의 교회론을 잘 개혁한 교회로서의 장로교회와 그 신학을 정립한 대표적 인물인 장 칼뱅(Jean Calvin, 1509-1564)은 그가 쓴 책 『기독교 강요』 최종판 4권에서, "우리는 성경에는 두 가지 교회가 있다고 말했다. 성경에서 "교회"라고 하는 말은 어떤 때에는 하나님 앞에 있는 모든 사람을 의미한다……이런 의미의 교회는 현재 지상에 살아 있는 성도들뿐만 아니라 천지 창조 이후 지금까지 선택받은 모든 사람을 포함한다."고 했습니다.

● 칼뱅이 설명하는 이러한 교회는 "보이지 않는 보편적 혹은 공동의 교회"를 말하는 것인가요?

　칼뱅은 계속하여 이르기를 ""교회"라는 이름은 한 하나님과 그리스도를 경배한다고 고백하는 세계 각지에 퍼뜨려져 있는 모든 사람을 가리키는 때가 많다"고 하면서, "우리는 세례에 의해서 그리스도에 대한 믿음을 얻게 되며, 성만찬에 참여함으로써 진정한 교리와 사랑에 의한 우리의 연합을 증거하고, 주의 말씀 안에서 일치하여, 말씀을 전파하기 위하여 그리스도께서 만드신 성직을 보존한다."고 했습니다. 그런즉 칼뱅은 기본적으로 하나님의 택하신 백성들의 모임으로서의 비가시적인(보이지 않는) 참되고 유일한 교회를 바라보되, 천상에서만이 아니라 이 지상에서도 그 본질과 형태

를 어느 정도로 구현하는 가시적인(보이는) 교회로서의 보편적인 교
회를 지칭하여 설명한 것입니다.

● 칼뱅의 이러한 언급은 이 지상에 있는 "가시적인 교회"도 비가시적인 참된
교회에 속할 수 있는 것임을 말합니까?[12]

　이처럼 사람의 눈으로 볼 수 없는 하나님의 택하심 가운데 있는
모든 성도들의 총수(the hole number)로서 오직 하나뿐인 교회(Holy
Catholick Church)는, 하나님 안에 감추어져 있을 뿐만 아니라 이 지
상에 수많은 개수로 두루 퍼뜨려져 있는 것이기도 합니다. 즉, 보
이지 않는 하나님의 교회-유일하고 참된 교회-는 이 지상에서 두
루 보이는 교회로도 존재하는 것입니다. 다만 이 지상에 있는 교
회, 주 예수 그리스도를 머리로 하는 보편적이고 공적인 교회는 특
정한 형태나 건물로 고정되어 드러나는 것이 아니라 그 존재를 나
타내 보이는 '표지'(the marks or sign)들에 의하여 드러나는 것이지
요. 한마디로 교회의 표지는, 이 지상에 교회가 나타나 보이도록
하는 가시적인 요소들입니다.

　그렇다면 사람의 눈으로 볼 수 없는 하나님의 택하심 가운데 있
는 모든 성도들의 총수이자 하나뿐인 교회를, 이 지상에 수없이 많
은 개수로 흩어져 있는 교회들 가운데서 드러내 보이는 '표지'에

'표지(간판)'에 따라서 평범한 건물이라도 '교회'라 호칭한다.

는 어떠한 것들이 있을까요? 이러한 물음에 대하여 칼뱅은 그의 기독교 강요 최종판 제4권에서 언급하기를, "하나님의 말씀을 순수하게 전파하며 또한 듣고, 그리스도께서 제정하신 대로의 성례를 시행할 때, 거기에 하나님의 교회가 있다는 것은 의심의 여지가 없다."고 했습니다. 즉, 말씀의 순수한 전파-이는 성경에 충실한 설교와 가르침, 그리고 이를 잘 듣는 회중을 일컫는다-, 성경에 기록한바 그리스도께서 제정하신 그대로 성례(sacrament)를 시행하는 이 두 가지의 표지에 의해서 이 지상에서도 참으로 교회가 존재함을 확인할 수가 있다는 것입니다. 하나님의 참된 교회를 이 지상에서 어느 정도로 드러내 보이는 기준은, 예배당 건물의 규모나 회중의 규모(혹은 회중 개개인의 신앙과 경건)가 아니라 하나님의 말씀을 얼마나 순수하게(순전한 진리로서) 선포하고 전파하고 잘 듣느냐, 그리고 성경에 규정되어 있는 성례를 얼마나 그 규정된 바에 따라 시행하느냐에 있는 것이지요.

● 계 2:2절에서, 에베소 교회에 대한 주님의 칭찬은 어떠한 것이었습니까?[13]

행 20:28-30절에서 사도 바울은 에베소 교회의 장로들에게 고별 설교를 통하여 당부하기를, "여러분은 자기를 위하여 또는 온 양 떼를 위하여 삼가라 성령이 그들 가운데 여러분을 감독자로 삼고 하나님이 자기 피로 사신 교회를 보살피게 하셨느니라. 내가 떠난 후에 사나운 이리가 여러분에게 들어와서 그 양 떼를 아끼지 아니하며, 또한 여러분 중에서도 제자들을 끌어 자기를 따르게 하려고 어그러진 말을 하는 사람들이 일어날 줄을 내가 아노라."고 했는데, 이는 바울 사도가 떠나고 얼마 지나지 않아 거짓 사도들과 거짓 교사들이 등장하여 그릇된 복음과 교훈으로 에베소 교회의 신앙을 흔들리게 할 것을 겨냥하여 한 말입니다. 그리고 이러한 사도 바울의 당부를 기억한 에베소 교회는, "자칭 사도라 하되 아닌 자들을 시험하여 그의 거짓된 것을" 드러내었음을 요한계시록 2장에서 언급하고 있습니다. 그런즉 에베소 교회는, 진리의 말씀에 위배되는 악한 행실의 사람들이 회중 가운데 섞여 있는 것을 용납하지 않음과 더불어서, 교회의 교리적인 순전함을 내적으로 유지하려고 하는 수고와 인내를 품고 있었음을 단적으로 드러내 주는 표지-즉, 말씀의 순수한 선포와 (바른 진리의) 가르침-를 대표하는 교회의 모범이라 하겠습니다. 오늘날 수없이 많은 예배당과 회중이 공개적으로 모여있지만, 정작 그 모임 가운데서 하나님의 말씀인 성경의 진리를 탐구하고 분별할 뿐만 아니라 보전하려고 하는 노력을 거의 찾아볼 수 없게 된 것과 확연히 비교되는 교회의 표지를 지니고 있었던 것이, 에베소 지역에 흩어져 있던 소규모의 회중으로 이뤄진 에베소에 있는 교회들의 칭찬할 만한 모습이었던 것이지요.

그러나 교리적인 순전함을 통하여 교회의 모범적인 표지를 드러낸 에베소 교회는, 외부 세상-즉, 불신자들-에 대한 관심을 잃어버린 것으로 말미암아 책망을 받았습니다. 계 2:1절에서 주님을 가리켜 "일곱 금 촛대 사이를 거니시는 이"라고 한 것은 주님과의 관계에 있어서 세상에 증언하는 빛을 반사하는 일이라는 사실을 상기하도록 하심이었으니, 교회는 그 자체로 하나님의 말씀을 순전하게 보전하여야 할 뿐만 아니라 불신앙의 세상을 향하여서도 하나님의 말씀을 순전하게 선포하고 전파하는 역할을 수행하여야 마땅한 것입니다. 이처럼 참된 복음의 교리를 고수하고 불신앙의 세상에까지 전파하는 모습은, 이 지상에 하나님의 순전한 교회가 있음을 나타내 보이는 아주 중요한 '표지(the marks or sign, 즉 분별점)'인 것입니다.

● 계 2:14절에서 버가모 교회에 대한 주님의 책망은 어떠한 것이었습니까?[14]

버가모(Pergamon)는 소아시아에서 최초로 황제숭배를 위한 신전

교회는 세상에 어떠한 빛을 비추는가?

을 세우고서, 그것을 가리켜 '아데미(Artemis) 신전'이라 부른 최초의 도시였습니다. 그러므로 버가모 지역은 일찍부터 황제숭배의 중심지가 되었는데, 버가모 교회는 이러한 마귀적인 국가 권력의 횡포에 맞서서 저항하였습니다. 하지만 요한계시록에서 경제적인 이득을 위하여 하나님의 백성들을 우상숭배의 관습에 참여시키고자 애쓴 거짓 선생과 같은 자 "발람"을 언급하며, 버가모 교회에 일련의 우상숭배의 관습-제사-이 용인된 것이 주님에 의하여 크게 책망을 받았습니다. 이는 중세시대에 이르기까지 크게 번성하였던 로마 가톨릭교회의 비성경적이고 이교적인 성례들-칠 성례: 세례, 성찬 외에 견진(Confirmationis), 고해, 병자, 성품, 혼인예식-을 도입하여 교회가 막대한 부를 축적하는데 주요한 역할을 하게 한 것에서도 그 전형을 확인해 볼 수가 있습니다. 이는 또한 현대의

50

프로테스탄트 교회들 가운데서 행해지는 출처 불명의 의식들과 예식들, 그리고 각종 새로운 프로그램들을 통한 헌금의 작정 등에서도 여전히 그 실례들을 확인할 수가 있습니다. 따라서 성경에서 주님이 친히 제정하신 성례-세례와 성찬-만을 시행하고, 사람들에 의하여 인위적으로 만들어진 각종 예식이나 의식들, 그리고 프로그램들을 배제하며 제거하는 것은 이 땅에 하나님만을 따르고 순종하려는 진정한 교회가 있음을 드러내 보이는 두 번째의 중요한 표지이니, 칼뱅은 기독교 강요(최종판) 4권에서, 이 세상에 "경건 생활-칼뱅에 따르면 경건 생활이란, 성경의 교리를 순전하게 이해하고 실천하는 일련의 활동들이다-을 건전하게 유지하며 성례전의 시행을 주님께서 제정하신 대로 바르게 지키는" 곳은 (개혁파) 교회뿐이라고 했습니다. 당시에 이미 수많은 로마 가톨릭 교회(예배당)와 관습들이 널리 퍼뜨려져 있었지만, 그런 예배당과 관습들은 전혀 이 땅에 교회로서의 모습을 보여주지 못하는 것임을 분명하게 분별한 것입니다. 그러므로 이러한 구별점(표지)에 따라서 오늘날의 시대에도 어디에 교회가 있는지를 분별해 볼 수 있을 것입니다.

● 계 3:19절에서 주님은 라오디게아(Laodicea) 교회에 대하여 어떻게 하신다고 말씀하셨습니까?[15]

　　헤르만 바빙크(Herman Bavinck, 1854-1921)는 그의 책 개혁교의학

4권에서, 개혁파 교회들이 "참된 교
회의 표지를 말씀과 성례의 순수한
시행에서" 찾았을 뿐 아니라 "교회의
징계(권징)와 그리스도인의 삶을 덧붙
였"다고 했습니다. 칼뱅 이후로도 계
속된 종교 개혁의 신학으로 형성된
개혁파 교회와 스코틀랜드 및 영미권
을 중심으로 형성된 장로교회의 교회
론에 있어서, 교회적 '권징(Ecclesiasti-
cal Discipline)' 혹은 '치리'는 말씀 사

로마 가톨릭교회의 일곱 성례 가운데 하
나인 '견진성사(Confirmatio)'는, 주교
가 축성한 기름을 신자의 이마에 발라,
성령의 은총이 신자에게 내리기를 간구
하는 의식이다.

역이나 성례와 더불어서 이 지상에서 그리스도를 머리로 하는 교
회를 나타내 보이는 중요한 표지임을 언급한 것입니다. 그러므로
웨스트민스터 신앙고백 제25장 3항에서 "이러한 보편적인 가시적
교회에, 그리스도께서는 직분(Ministry), 말씀(Oracles), 그리고 하나
님의 규례들(Ordinances of God)을 주시어서, 세상 끝날까지 이생에
서 성도들을 모으고 온전하게 하도록 하셨다."고 했습니다. 아울
러 4항에서는 "이러한 보편 교회는 어떤 때는 더욱, 어떤 때는 덜
가시적이었다. 그리고 그러한 (보편교회의) 지체들인 개별적인 교회
들은, 그 가운데서 어느 정도나 순수하게 복음의 교리가 가르쳐지
고 받아들여지며 예식을 집례하는지, 또한 공적인 예배가 수행되
는지에 따라 더욱 혹은 덜 순전하다."라고 하여 말씀과 성례, 그리
고 직분과 규례로 구성된 치리 혹은 권징을 통하여 비로소 공적이
고 보편적인 교회가 드러나며 유지(운영)됨을 말하고 있습니다. 한

마디로 교회의 교회됨을 분별하는 세 가지의 표지는, 진리의 말씀
을 선포하고 가르치는 것과 성경의 진리에 따라 규정된 성례를 시
행하는 것, 그리고 말씀에 규정된 바를 따라서 올바른 권징을 시행
하는 것이지요. **70** 고백과 문답

3.
"말씀"의 표지는
어떻게 교회를 나타내 보이는가?

"교회의 표지"는 왜 필요할까?

미국의 그랜드 래피즈(Grand Rapids)에 있는 칼빈 신학교의 교수였던 루이스 벌콥(Louis Berkhof, 1873-1957) 박사는, 그의 조직신학 책에서 이르기를 "구약의 이스라엘이라는 민족적 교회 형태나 신약의 사도적 교회는 몇몇 분파들이 있었을지라도 기본적으로 하나의 교회로 존재했다. 그러므로 교회가 하나로 있는 동안에는 "교회의 표지"에 대한 필요를 느끼지 않았는데, 사도적 교회 이후의 초창기 교회들에서는 곧장 이단(Heresy)들이 발생하고 성장하면서 소위 '이단 교회(Heretical Church)'들이 발흥하게 되었다."고 언급하여, 교회의 표지에 대한 인식이 교회사적인 배경 가운데서 정리된 것임을 밝힌 바 있습니다. 물론 참된 교회의 표지는 그 원리에 의하여 구약시대이든 신약시대이든 항상 교회를 구별하는 기준점이 되어 왔지만, 그것을 이해하고 정리하는 작업은 소위 초대교회(Early Church)라 칭하는 곳들 가운데서부터 분명하게 이뤄졌다는 것입니다. 벌콥에 따르면, "이 표지의 필요성에 대한 인식은 이미 초대 교회 때에 나타났으며, 중세 시대에 이르러서는 불분명해 졌다가, 종교 개혁 시대에 다시 강하게 나타났"습니다. 그리고 종교 개혁 시대에는 초대 교회 때와도 다르게 중세 시대에 불분명하게 된 교회의 표지를 더욱 명확하게 하는 과정에서 크게 두 개의 교파-로마 가톨릭교회와 프로테스탄트 교회-로 나뉘었는데, 안타깝게도 프로테스탄트 교회는 더욱 많은 교파로 분열하였으며, "그 결과로서 참된 교회와 거짓된 교회를 구분하는 표지가 필요하다는 점이 더욱 절실하여 졌다."고 했습니다.

그렇다면 오늘 우리들의 시대는 어떠할까요? 안타깝게도 오늘날에는 종교 개혁의 시대보다도 더욱 많은 교파와 심지어 이단들, 그리고 사이비 집단들까지도 버젓이 교회라는 간판을 달고서 번창해 있는 실정입니다. 심지어 같은 교단의 교회라도 모두 제각각의 문화와 풍토를 지니고 있어서, 개별교회들 각각이 과연 얼마만큼 참되다고 말할 수 있는지조차 분간하기가 곤란해져 버린 실정이지요. 따라서 우리들의 시대야말로 교회의 표지에 관한 분명한 인식과 이해를 바탕으로, 그러한 표지를 더욱 선명하게 표방하는 신앙과 실천이 요구되는 것입니다. 로마 제국의 지배와 박해를 받았던 것이나 중세 로마 가톨릭교회의 박해에 비할 바 아닌 자유와 번영을 누리고 있는 것이 현대의 기독교회들이지만, 정작 교회의 표지에 따라 교회다움이 분별되는 교회를 찾아보기 어려운 실정이지요. 그러므로 기껏해야 윤리적이나 도덕적인 흠결이 없는 회

대형교회 양상의 대표적인 모델이 된 미국의 크리스탈 처치

중의 모임이라면, 그것이 좋은 교회라 칭할 정도로 빈곤한 정체성을 보여주고 있는 것이 현대 교회들의 부인할 수 없는 실정입니다.

● 우리 주변에 있는 교회들이 건전한 교회인지를 가늠하는 일반적인 기준은 구체적으로 어떠한 것들입니까?

신자들이 일반적으로 떠올리는 교회의 이미지는 대부분 개별적으로 세워진 교회들의 모습이 전부입니다. 즉, 내가 속하여 있는 개별교회나 주변에 이웃한 교회들에 대한 인식과 안목이 전부이다시피 한 것입니다. 그러므로 현대의 기독교 신앙에 있어 전적으

56

로 부족한 것이 바로 '공교회(Catholick or Universal Church)'에 대한 이해와 안목이라 하겠습니다. 개별적인 교회들에 대한 안목과 이해를 넘어서서, 공통적이고 통일된 하나의 참된 교회에 대한 이해와 안목이 전적으로 요구되는 것입니다.

사실, 공교회에 대한 이해와 안목은 개별적인 교회들이 얼마나 참되고 순수한지를 가늠하는 시금석(touchstone)의 역할을 합니다. 각각의 개별적인 교회들은 공교회에 대한 이해와 안목이라고 하는 공통분모를 바탕으로, 각각 얼마나 참되고 순수한 의미의 교회를 이루고 있는지를 보여주기 때문입니다. 그런즉 교회의 표지는, 바로 그러한 교회들 사이의 일치성-혹은, 통일성-을 단적으로 분간할 수 있는 시금석인 것입니다.

● 마 16:18절에서, 예수님께서는 무엇 위에 자신의 교회를 세우리라고 말씀하셨습니까?[16]

● 마 16:16절에서 "너희는 나를 누구라 하느냐"라는 주님의 물음에 대하여, 시몬 베드로는 무어라 답했습니까?[17]

● 마 16:18절에서 주님께서는 또 베드로에게 무어라 말씀하셨습니까?[18]

마 16:12절은 "삼가 바리새인과 사두개인들의 누룩을 주의하라."(6절)는 말씀을 이해하지 못하는 제자들이, 뒤늦게 예수께서 말씀하시는 누룩이 떡(양식)에 대한 것이 아니라 "바리새인과 사두개인들의 교훈-Didache 즉, 가르침-을 삼가라는 말씀임을 깨달으니라."고 기록하였습니다. 그리고 이어지는 본문이 바로 베드로가 예수를 그리스도(메시아)로 고백하는 것(16절)과 그러한 고백 위에 그리스도의 교회가 세워지리라는 말씀입니다. 그런즉 바리새인과 사두개인들의 가르침과 교훈이 아니라 "주는 그리스도이시오 살아 계신 하나님의 아들이시니이다."라고 한 신앙고백의 바탕 위에 그리스도의 교회가 세워짐을 알 수가 있습니다. 그리고 그러한 베드로의 신앙고백은 베드로 자신이 스스로 터득한 것이 아니라 하나님의 택하심에 기초한 은혜로 말미암은 것이었으니, 마 16:17절에서 주님은 이르시기를 "이를 네게 알게 한 이는 혈육이 아니요 하늘에 계신 내 아버지시니라."고 말씀하셨습니다. 즉, 하나님의 은혜 가운데서 은밀히 알게 되어 고백하는 그리스도에 관한 참된 진리의 신앙고백 위에 교회가 세워짐을 말씀하신 것으로, 이는 곧 하나님으로 말미암은 은혜로 제공되는 진리의 교리*야말로 교회를 세우는 가장 기본적이고 본질적인 반석($\pi\acute{\epsilon}\tau\rho\alpha$, 토대)임을 깨닫게 하는 것입니다. 반면에 오늘날 무수히 많은 교회당에서 선포되

---

* 교리(Doctrine)란, 일반적으로 체계화된 종교의 본질적인 가르침을 뜻하는 용어이다. 그러나 마태복음 16장에 기록한바 예수 그리스도와 베드로를 비롯한 사도들의 대화 가운데서 알 수 있듯이, 그것은 단순한 가르침의 요약이 아니라 공적인 신앙을 표명하는 고백이다.

고 가르쳐지는 것들은, 성경의 진리와 이를 잘 정립한 교리의 내용
이 아니라 인간 자신(설교자)의 지혜와 경험, 그리고 어설픈 지식에
불과한 경우가 너무나 많지요.

● 요 8:32절에서 예수 그리스도께서는 진리에 관하여 어떠한 말씀을 하셨습
니까?[19)]

　　신자들이란, '믿는 자'들(Believers)을 말합니다. 요한복음 8장은
성전에서 유대 백성들을 가르치시던 예수님을 시험한 서기관들과
바리새인들 앞에서 말씀하신 바를 기록하고 있는데, 30절에서 "이
말씀을 하시매 많은 사람이 믿더라"고 하여, 예수께서 가르치신 말
씀을 듣고서 믿는 자들이 많이 생겼다고 했습니다. 그리고 이어지
는 31-32절은 "그러므로 예수께서 자기를 믿은 유대인들에게 이
르시되 너희가 내 말에 거하면 참으로 내 제자가 되고, 진리를 알
지니 진리가 너희를 자유롭게 하리라"고 말씀하신 것으로 기록하
고 있습니다. 이처럼 예수께서는 친히 말씀 선포와 가르침의 사역
을 수행하심으로써 그의 제자들이 될 사람(하나님의 택함 가운데 있는 사
람)들을 부르셨으며, 마찬가지로 사도들 또한 각지를 다니면서 주
예수 그리스도의 말씀을 가르쳐 전함으로써 믿는 자들의 무리요
제자들의 무리인 교회를 세워나갔습니다. 그리고 그렇게 하여 모
여진 회중으로 된 교회들이 각지에 흩어져 있었을지라도, 주 예수

마지막 날에 볼 '천상의 교회'의 모습은, 공교회의 조망을 단적으로 시사한다(위 그림은 재림에 대한 상상을 담은 것이다).

그리스도께서 전하며 가르치신바 하나님의 진리에 의하여 모두가 참된 주님의 제자들인 한 교회를 이루었습니다. 그러므로 칼뱅은 기독교 강요 4권에서 "보편적 교회(공교회)는 모든 나라에서 모은 큰 무리다. 그 보편적 교회는 나누어져 여러 곳에 퍼져있지만 거룩한 교리라는 하나의 진리 가운데서 서로 일치하며, 같은 신앙생활의 유대로 연합되어 있다.……각 개인이 신앙고백에 의하여 개별교회의 일원으로 인정될 때, 비록 그들이 보편적 교회를 알지 못한다고 할지라도 공적인 재판에 의하여 출교되지 않는 이상-보편적인 진리의 가르침에서 벗어나거나 잘못 되었음을 판결하지 않는 이상- 그들은 보편적 교회에 속한 사람들이다."라고 하여, 눈에 보이는 가시적인 교회인 개별교회들이 어떻게 참되고 보편적인 교회와 연결되는지를 설명했습니다. 우리의 눈에 시각적으로 분간이 되는 것이 아닐지라도, 하나의 보편적인 교회(공교회)에 대한 믿음 가운데서 언제든지 하나로 일치됨을 확신할 수가 있다는 것이지요.

● 딤전 3:15절 말씀에서 사도는 "하나님의 집"인 "교회"의 기둥과 터를, 무엇이라고 했습니까?[20]

앞서 참된 신앙이란, 개인적인 체험이나 신비적인 이적 등의 극적인 요소들이 아니라 "하나님의 계시"인 "말씀" 즉, 성경에 계시되어 있는 진리를 깨달아서 그에 대한 확신을 삶으로써 실천해 가는 것이라고 했습니다. 그러므로 성경에 계시되어 있는 참된 교회에 대한 분별이나 그 표지에 대한 이해에 있어서도 기본적으로 중요한 것이 바로 "복음의 교리가 순수하게 가르쳐지고 신봉"되는 것(웨스트민스터 신앙고백 제25장 4항)이라 하겠습니다. 마찬가지로 칼뱅은 기독교 강요 제4권에서 "교회를 가리켜서, "진리의 기둥과 터"요 "하나님의 집"이라(딤전 3:15) 부르는 것은 중요한 것이다. 바울이 사용하는 이러한 말의 뜻은, 교회는 하나님의 진리가 이 세상에서 없어지지 않도록 하기 위한 진리의 충실한 파수꾼이라는 것이다. 하나님께서는 교회의 봉사와 수고에 의해 말씀이 순수하게 선포되기를 원하셨고, 영적 양식과 구원에 유익한 모든 것들을 우리에게 주심으로써 스스로 한 가족의 아버지가 되심을 보여주시고자 하셨다."고 했습니다. 이러한 칼뱅의 언급과 마찬가지로 웨스트민스터 신앙고백 제25장 3항에서도 "이 보편적이고 가시적인 교회에 그리스도께서 하나님의 목사직(Ministery), 예언(Oracles), 규례(Ordinances)들을 주시되, 세상 끝날까지 이생에서 성도들을 모으고 온전케 하도록 하셨다."고 했는데, 특별히 "예언"은 하나님께서 계시하신 성경의 진리를 목사의 직무로서 선포하고 가르치는 것, 그리고 "규례"는 성경에서 그리스도를 통하여 제정하신 규례들을 말합니다. 그런즉 성경의 진리를 순수하고 바르게 확립하여 선포하고(praedicatio verbi) 가르치며, 또한 이를 잘 듣는 사역이야말로 "진리의 기둥과 터"요 "하나님의 집"인 교회를 세우고 구별토록 하는 주요한 표지임을 알 수가 있습니다. 그러므로 교회에서 목사는 하나님의 말씀인 성경의 진리를 부지런히 배우고 가르치는 일에 전념하도록 교회의 다스리는(Rulling) 일을 돕는 장로(Rulling Elders)가 함께 동역하는 것이지요.

한편, 웨스트민스터 신앙고백 제25장 1항에 명시한바 "보이지 않는 보편적 혹은 공동의 교회는, 그것의 머리가 되시는 그리스도 아래에 한 몸으로 모였었고, 또한 모였으며, 모일 택함을 입은 자들의 총수(the whole number)로 이루어져 있다."는 문구에서 알 수가 있듯이, 비가시적 교회는 기본적으로 오직 하나님께서만 아시는 택함을 받은 자들로 이뤄졌다는 점에서 사람의 눈으로는 분간하기가 어려운 비가시적 특성을 지니고 있습니다. 그러나 이러한 비가시적이고 보편적인 교회는 참된 신앙고백과 그것을 적용하고 실천하는 삶을 통하여, 그리고 하나님께서 주신 직분들과 직무들을 포함하는 제도에 따른 활동에 따라서 어느 정도로 우리의 눈에 드러나기도 합니다. 즉, 하나님의 택함을 입은 자들로 이뤄진 비가시적이고 보편적인 교회가 이 지상에서 눈에 띄게 드러나기도 하는 것이지요. 그러므로 하나님의 말씀인 성경에 계시되어 있는바 복음의 교리를 순수하게 가르치고 선포하는 일(사역)과 그 일을 수행하는 직분(목사직)은, 이 지상에 "진리의 기둥과 터"요 "하나님의 집"인 교회를 드러나게 하는 표지의 아주 중요한 요소를 담당하고 있는 것입니다. 따라서 이러한 직분(목사직)을 세움에 있어서는 사적인(개인적인) 소명과 더불어서 더욱더 교회의 공적인 검증과 시험, 그리고 선출의 엄중한 절차가 요구되는 것*입니다.

그런데 성경에 충실하며 순수한 복음의 교리를 설교하며 가르치는 것으로 나타나 보이게 되는 교회의 표지는, 단순히 교회의 가르치는 사역자인 목사들을 통해서만 구현할 수 있는 것이 아닙니다. 로마 가톨릭교회에서는 사제들에 의해 성례가 거룩히 수행되는 가운데서 비로소 교회가 드러나게 된다고 했는데, 이를 '가르치는 교회(ecclesia docens)'라고 하여 이 가르치는 교회를 본질적인 교회라고 주장했습니다. 반면에 사제들에 의해 수행되는 성례에서 성찬이 효력있게 되는 것-인효론(Ex Opere Operantis. by the work of the worker라고 번역되는 개념)-을 지켜봄을 통하여 구현되는 교회를 가리켜서 '듣는 교회(ecclesia discens, 혹은 ecclesia audiens)'라고 했는데, 이 듣는 교회는 사제들 중심의 가르치는 교회에 완전히 종속되

---

* 이러한 목사의 선출과 임직의 절차를 한국의 교회들은 그동안 너무나도 안일하고 무책임하게 시행했다. 개인적 소명(부르심)을 바탕으로 하여 시작하는 개인적인 학업과 임직을 위한 형식적인 절차 외에, 성경에 근거하는 엄격하고 진지한 검증과 시험, 그리고 임직의 절차인 '공적 부르심'에 대하여 거의 무지한 실정인 것이다. 그처럼 검증되지도 않고 그 은사와 능력-잘 가르치는 은사와 능력-을 제대로 검증하지 않고 세운 사역자들로 말미암아, 무수한 교회들 가운데서 도덕적이고 윤리적인 추문들이 속출하고 있는 것이다.

며 수동적이라고 보았습니다. 하지만 이처럼 두 가지 형태의 교회로서 구분되는 로마 가톨릭교회의 이해와 달리, 가르치는 교회와 듣는 교회는 서로 유기적으로 통일되어 있습니다. 즉, 설교와 가르치는 사역을 수행하는 사역자들과 그들의 설교와 가르침을 잘 듣고 '아멘'으로 동의하는 회중들의 모습 모두를 통해서 참된 교회의 표지가 우리의 눈에 명확히 볼 수 있게 드러나게 되는 것이지요. 그러므로 로마 가톨릭교회의 계층적이고 지배적인(hierarchy) 교회관을 개혁한 성경적 관점의 웨스트민스터 신앙고백 제25장 4항에서는 "복음의 교리가 순수하게 가르쳐"질 때에 순수한 교회가 드러난다고만 기록한 것이 아니라, "복음의 교리가 순수하게 가르쳐지고 신봉"됨에 따라서 더욱 혹은 덜 순수한 교회로 드러난다고 했습니다. 순수하게 복음의 교리를 설교하고 가르치는 목사와 더불어서, 그의 가르침을 잘 듣고 아멘으로 동의하는-이는 결코 억지로 답하여 동의하는 것을 말하지 않는다- 회중들을 통하여 교회가 우리 눈앞에 가시적으로 드러나게 되는 것이지요.

● 복음의 교리가 완전하게 가르쳐지고 신봉되어야만 비로소 이 지상에 교회가 드러나 보이게 되는 것입니까?

　　로마 가톨릭교회에서는 '인효론'과 더불어서 '사효론(ex opere operato. from the work worked)'을 주장하는데, 이는 성례를 주관하는 사제들의 거룩함과 도덕성과는 별개로 로마 가톨릭교회에 의하여 승인된 형식에 따른 성례를 시행하고 참여하는 그 자체로 성례의 효력이 있게 된다고 주장하는 것입니다. 즉, 성례에 참여할 때 참여하는 자에게 믿음이 없다고 하더라도 로마 가톨릭교회가 규정하는 정확한 의식을 수행함으로써 은혜가 전달된다고 보는 것이지요. 그리고 이것은 이 지상에 있는 로마 가톨릭교회-특히 교황을 중심으로 하는 가르치는 교회-가 완전한 교회라고 보는 것을 전제로 합니다. 그처럼 온전한 교회가 가르친 대로 시행하는 성례는 그 자체로서 온전한 은혜를 내포하는 것이라는 말이지요.

하지만 웨스트민스터 신앙고백 제25장에서는 4항에서 "개별 교회들 가운데서 얼마만큼이나 순수하게 복음의 교리가 가르쳐지고 신봉되며, 성례가 시행되고, 또한 공중예배가 행해짐에 따라서 그 교회들은 더욱 혹은 덜 순수한 것"이라고 했습니다. 복음의 교리와 가르침, 그리고 이를 잘 듣고서 믿음으로 동의하는 회중들의 모습은 이 지상에서 완전하게 나타나는 것이 아니라 "더욱 혹은 덜" 나타나는 것이라는 말입니다. 이에 대해 루이스 벌코프는 그의 조직신학 책에서 이르기를, "이 표지를 교회에 돌린다고 해서, 교회에서 시행되는 말씀의 선포가 완전해야만 비로소 참된 교회로 간주될 수 있다는 말이 아니다……어떤 교회든 오직 교리의 상대적인 순수성만이 있을 수 있다. 교회가 참된 교회이면서도 진리를 표현하는 것에서 상당히 불순할 수가 있다."고 했습니다. 로마 가톨릭교회의 생각처럼 성례에 참여한다고 해서 기계적으로 은혜가 전달되는 것이 아니며. 또한 말씀을 선포하고 성례를 집례하는 목회자의 경건에 따라서만 은혜와 유익이 제공되는 것도 아니기에, 성례에 참여하는 모두가 절제와 경건을 예비하여야 하지만 그 정도에 있어서는 결코 모두가 동일하거나 완전할 수는 없다는 말이지요. 그런즉 이 지상에서는 모든 교회들이 완전한 교회일 수가 없으며, 다만 그 정도에 있어서 "더욱 혹은 덜" 완전한 모습 가운데 드러나 있을 뿐입니다.

● 그렇다면, 이 지상의 가시적인 교회들이 진리를 그릇되게 가르치고, 심지어 부인하기까지 한다고 해도 여전히 참된 교회로 여겨야 하는 것일까요?

● 마 13:24-30절 말씀으로 볼 때에, 이 지상에는 알곡과 같이 참된 교회로 보이는 교회뿐 아니라 어떠한 교회도 존재함을 알 수가 있습니까?[21]

웨스트민스터 신앙고백은 제25장 5항에 이르기를 "하늘 아래의 가장 순수한 교회라 할지라도 혼합과 오류의 영향을 받는다. 그리고 어떤 경우에는 그리스도의 교회가 아니라 사탄의 공회(Syna-gogues of Satan)가 될 만큼 나빠지기도 한다."고 하여, 이 지상의 교회들 가운데에는 얼마든지 "가라지"(마 13:25)와 같은 '거짓 교회'들이 생겨날 수 있음을 언급하고 있습니다. 그리고 이는 마태복음 13장의 전체적인 맥락이기도 합니다. 그러므로 루이스 벌콥의 조직신학에서는 "신앙의 기본적인 조항들이 공적으로 거부되고, 교리와 삶이 더 이상 하나님의 말씀의 통제 아래 있지 않을 때 거짓 교회가 된다."고 했습니다. 심지어 노회(Presbytery)나 총회-장로교회의 총회는 노회와 같이 상시적인 기구가 아니라 임시로 모이는 회의체(Assembly)의 성격임에도 불구하고-조차도 그처럼 거짓될 수가 있는 것이지요.

● 하나님의 말씀과 관련한 교회의 표지는 주로 말씀 사역자인 목회자와만 관련된 것입니까?[22]

앞에서 언급하였듯이 로마 가톨릭교회에서는 사제들을 중심으로 하는 '가르치는 교회'와 회중을 중심으로 하는 '듣는 교회'를 각각 구분하였습니다. 그리고 본질적인 교회는 가르치는 교회인 사제들에 의해 구현된다고 보았습니다. 바로 이러한 교회의 구분이 로마 가톨릭 교회당의 내부구조에도 그대로 반영되어서, 사제들이 자리하는 공간-가르치는 교회의 공간-과 회중들이 자리하는 공간-듣는 교회의 공간- 사이를 가로막는 가벽(Paries divisorius)을 두게 된 것입니다.

그러나 "가시적인 교회 역시 복음의 시대에는 보편적 즉, 통상적인 교회이니, 이 교회에는 모든 세계 가운데서 참된 신앙을 고백하는 모든 사람과 그들의 자녀로 이루어져 있다.”고 한 웨스트민스터 신앙고백 제25장 2항의 문구와 같이, 개혁된 신앙 가운데서의 교회는 가르치는 교회와 듣는 교회를 가시적으로 구분하지 않습니다. 물론 가르치는 사역자인 목사와 가르침을 받는 회중 사이의 구별은 분명하게 있지만, 그렇다고

바티칸의 시스티나(Sistine) 성당 내부의 모습: 앞에 있는 사제들의 공간과 뒤에 있는 회중의 공간을 분리하는 칸막이가 설치되어 있다.

듣고 가르침을 받는 회중의 가시적인 교회로서의 역할이 전혀 없지도 않은 것입니다. 그러므로 온 회중이 함께 부르는 시편 찬송과 더불어서 설교되는 말씀을 잘 들음으로써 나타내 보이는 회중의 모습은, 교회를 가시적으로 나타내 보이는 표지 가운데 하나인 “하나님의 말씀”과 관련된 중요한 역할이라 할 수가 있는 것이지요.

이러한 내용들은 웨스트민스터 대교리문답 제160문답에서 잘 설명하고 있는데, 하나님의 말씀을 설교하는 것과 관련한 제158~159문답 이후에 “말씀의 설교를 듣는 사람에게 무엇이 요구됩니까?”라는 물음에 대하여서, “말씀의 설교를 듣는 사람에게 요구되는 바는 부지런함과 예비함, 그리고 기도로 말씀의 설교를 기다리며, 자신이 들은 설교를 성경에 의해 검토하고, 믿음과 사랑, 그리고 온유함과 예비된 마음으로 그 진리를 하나님의 말씀으로

서 받아들이는 것이며, 설교된 말씀을 성찰하고 그 말씀을 놓고 대화하는 것, 그 말씀을 마음에 간직하고 삶 가운데서 그 말씀의 열매를 맺는 것"이라고 답하는 것으로써 이를 적절하게 설명하고 있습니다. 한마디로 "바른 교리를 부지런히 설교"(웨스트민스터 대교리문답 제159문답)하는 목회자뿐만이 아니라 이를 잘 듣고서 '아멘'으로 화답하며 동의하는 회중 모두에 의하여, 이 지상에 하나님의 택하신 자들이자 참된 신앙고백으로 하나가 된 교회가 눈앞에 나타나 보일 수 있게 되는 것입니다.

● "신앙의 기본적인 조항들이 공적으로 거부되고, 교리와 삶이 더 이상 하나님의 말씀의 통제 아래 있지 않"는 실례를 찾아봅시다.

오늘날의 기독교 신앙은 대부분 성경의 진리에 대한 탐구보다는 삶의 필요와 요구에 부응하는 지혜와 모략에 더욱 관심을 기울이는 실정입니다. 그러므로 성경은 "신앙과 삶의 규범"이 아니라, 수많은 지혜와 모략들 가운데 한 부분일 뿐으로 여겨지다시피 한 실정이지요. 심지어 오히려 성경에서 명백히 죄로 규정하고 금하는 것들조차도, 우리를 이롭게 하며 이득이 되는 것으로 여기기까지 하는 실정입니다. 예컨대 자살의 문제나 동성애, 그리고 성경에서 명백히 반대하는 여성 설교자의 문제들까지도 성경의 역사적 혹은 상황적 해석이라고 하는 방법을 통하여 부정하거나 변경해버리는 것을 볼 수가 있습니다. 그러나 바로 그러한 태도야말로 "너희가 결코 죽지 아니하리라."(창 3:4)고 한 사탄의 유혹에 넘어가도록 미혹 곧, "먹음직도 하고 보암직도 하고 지혜롭게 할 만큼 탐스럽기도 한"(6절) 죄악의 본성이요 부패의 성향임을 깨달아야 합니다. 그처럼 올바른 것이 없고 그저 인간적이고 자유롭기만 한 방만한 신앙과 교회가 바로 헛된 믿음이요 거짓 교회임을, 성경과 그에 근거하는 신앙고백이 여전히 가르치고 교훈하고 있기 때문입니다. 심지어 앞으로-어쩌면 이미- 이르는 세대에서는 설교자들의 선포와 가르침조차도 실시간으로 그 진위와 오류가 판별되는 시대가 이를 것입니다. AI(Artificial intelligence)를 넘어서 AGI(Artificial general intelligence)의 시대가 도래한다면, 성경의 진리를 엄밀하게 깨닫고 가르칠 수 없는 설교자들의 오류와 거짓됨이 실시간으로 검증될 수 밖에 없을 것이니 말입니다. 그 출처조차 명확히 알 수가 없는 설교와 가르침으로는 새로운 세대들의 믿음과 신앙을 제공할 수가 없게 되는 것이지요.

지금과 같이 진리 이외에 온갖 세속적인 지식들과 종교적인 감정들, 그리고 거의 가스라이팅(gaslighting)에 가까운 사역과 가르침으로는 사람들을 참된 하나님의 말씀으로 인도할 수가 없는 것입니다. 롬 12:2절에 기록한바 "너희는 이 세대를 본받지 말고 오직 마음을 새롭게 함으로 변화를 받아 하나님의 선하시고 기뻐하시고 온전하신 뜻이 무엇인지 분별하도록 하라."는 말씀은, 지금도 여전히 변하지 않는 진리의 터와 기둥으로 세워져야 마땅한 주님의 교회와 신자들을 향한 진실한 권면이자 복된 가르침입니다. 이에 따라, 웨스트민스터 대교리문답 제159문에 기록한바 "하나님의 말씀을 설교하는 직무에 부름을 받은 사람은 하나님의 말씀을 어떻게 설교해야 합니까?"라는 물음에 대하여서 "말씀의 사역 가운데로 부름을 받은 그들은 때가 이르거나 이르지 않거나 간에 바른 교리를 부지런히 설교해야 하고, 사람의 지혜 말로서 현혹하는 것이 아니라 다만 성령님의 표명하심

AI의 도입은, 신자들의 신앙과 삶에도 분명한 변화를 초래할 것이다.

가운데 능력으로서 분명하게 설교하여야 하며, 하나님의 모든 뜻을 알게 하고자 신실하게 설교해야 하고, 듣는 이들의 필요와 이해력에 적합하도록 지혜롭게 설교해야 하며, 하나님과 그의 백성들의 영혼에 대한 열렬한 사랑과 더불어서 열심히 설교하며, 하나님의 영광과 그의 백성들의 회심, 건덕(edification), 그리고 구원을 목표로 진심으로 설교하여야 합니다."라고 답변함에 부합하는 설교자들을 세우는 일과, 대교리문답 제160문답에서 답변하는바 "부지런함과 예비함, 그리고 기도로 말씀의 설교를 기다리며, 자신이 들은 설교를 성경에 의해 검토하고, 믿음과 사랑, 그리고 온유함과 예비된 마음으로 그 진리를 하나님의 말씀으로서 받아들이는 것이며, 설교된 말씀을 성찰하고 그 말씀을 놓고 대화하는 것, 그 말씀

을 마음에 간직하고 삶 가운데서 그 말씀의 열매를 맺는" 회중들로써 표명되는 교회의 표지-곧, "하나님의 말씀의 참된 선포와 가르침"-야말로, AGI를 넘어서 ASI(Artificial Super Intelligence)의 시대에도 오히려 더욱 필요할 것입니다. 완전할 수 없는 세상의 지혜와 지식의 한계를 극복하는 하나님의 진리, 이 세상 만물을 창조하신 유일한 수단이었던 하나님의 말씀-창 1:3절에 따르면, 세상의 빛은 어떤 물리적인 수단이 아니라 "빛이 있으라" 하신 하나님의 말씀으로 창조된 것이다-이야말로 세상에 비추는 빛으로서의 사명을 지닌 교회의 중요한 표지임이 오히려 더욱 명백해질 시대가 바로 다가올 ASI의 시대일 것입니다. **고백과문답**

살펴볼 자료:

웨스트민스터 예배모범(the DIRECTORY for Publick Worship, 1645)이 규정하는 말씀의 설교에 관련한 지침들

말씀의 설교에 관하여: 말씀의 설교는 구원에 이르는 하나님의 능력이요, 복음 사역에 속한 가장 위대하고 탁월한 일들 가운데 하나이므로 그 일꾼이 부끄러워할 필요가 없으며, 오히려 자신과 그 말씀을 듣는 사람들을 구원할 수 있도록 수행되어야 한다.

(임직에 관한 규칙(the rules for ordination)에 따르면) ● 그리스도의 목사는 본래 언어에 대한 능력과 신학에 있어 종속적으로 필요한 교양과 과학(arts and sciences)에 대한 재능을 통하여 이처럼 중요한 봉사를 할 수 있는 상당한 재능을 가지고 있어야 한다는 것이 우선적으로 전제된다. ● 목사의 지식에 관해 말하자면 신학의 전체 요지(the whole body of theology)에 대한 지식을 지니고 있어야 하는데, 무엇보다도 특별히 성경에 대한 지식이 가장 뛰어나야 하며, 일반 신자들보다 성경에 대한 감각과 마음이 더욱 뛰어나야 한다. 그리고 ● 목사는 (말씀을 읽고 연구하는 것과 더불어서) 하나님의 영(즉, 성령)의 조명과 다른 가르침의 은사들(gifts of edification)에 대해서도 기도와 겸손한 마음으로 여전히 이러한 은사들을 구할 줄을 알아야 하며, 아직 도달하지 못한 진리가 있다고 한다면 하나님께서 [그것을] 알려 주실 때마다 그것을 인정하고 받아들이겠다는 마음을 가져야 한다. [또한] ● 목사는 자신이 준비한 것을 공적으로 전달하기 전에,

그의 개인적인 준비에 있어서 이러한 모든 능력들을 활용하여 향상되도록 하여야 한다.

통상적으로(Ordinarily) ● 목사의 설교 주제는 어떠한 종교적 원리나 주제를 제시하는 것이거나, 혹은 어떤 불가피하고 특별한 경우에 적합한 성경 구절이어야 하는데, 혹시 그 자신이 적합하다고 생각된다면 성경의 어떤 장(chapter), 시편(psalm), 또는 권(book)을 계속해서 이어갈 수도 있다.

● 본문에 대한 서론(introduction)은 그 본문 자체, 혹은 맥락(context), 혹은 어떤 유사한 장소(parallel place), 또는 성경의 일반적인 문장으로부터 끌어내어서 간결하고 명확하게 작성하도록 한다.

만일에 그 본문이 길다면(역사나 우화의 경우에서처럼 이는 종종 불가피하다) 그것에 대해 간략하게 요약하여 제공하기 바라며, 만일에 짧은 본문이라면 필요에 따라서 그것을 알기 쉽게 바꾸어서 설명하도록 하되, 두 경우 모두에 있어서 본문의 범위를 주의 깊게 살펴보고서 본문으로부터 제기할 교리의 주요 내용과 근거들을 적시하도록 한다.

● 설교자는 자신의 본문을 분석하고(analysing) 분류함(dividing)에 있어서, 단어의 순서보다는 내용의 순서를 더욱 중시하여야 한다. 그리고 처음부터 청중이 기억하기에 너무 많은 분류(division)를 제

시하지 말고, 모호한 전문 용어로써 그들의 마음을 곤란하게 하지
말도록 한다.

● 그 본문에서 교리를 끌어낼 때, 설교자가 주의해야 할 점은
첫째로, 그 내용이 하나님의 진리여야 한다는 것이다. 둘째로, 그
말씀이 그 본문에 포함되어 있거나 그 본문에 근거한 진리여서, 듣
는 이들이 하나님께서 그 말씀으로부터 어떻게 가르치시는지를 분
별할 수 있어야 한다. 셋째로, 설교자는 자신이 주로 의도하는 교
리를 강조함으로써, 듣는 이들의 건덕(edification)을 위하여 최선이
되도록 해야 한다.

● 그러한 교리는 평범한 용어(plain terms)로 표현되도록 하여야
하며, 만일에 그 가운데에 설명이 필요한 것이 있다면 그것을 드
러내 주어야 하고, 또한 그 본문으로부터 명확한 귀결을 밝혀내어
야 한다. 그 교리를 확증하는 성경의 병행 구절은 많은 구절보다
는 오히려 명확하고 적절한 구절이어야 하며, 또한 (그것이 필요하다면)
해당하는 목적에 적용되는 것이어야 하고, 그 목적에 따라서 어느
정도 강조되도록 한다.

● 그 주장하는 바나 이유는 확실한 것이어야 하며, 가능한 한
설득력이 있는 것이어야 한다. 어떠한 종류의 실례(illustrations)이든
간에 명백함으로 충만해야 하며, 영적인 기쁨과 함께 듣는 사람의
마음에 진리를 전해주는 것이어야 한다.

만일에 듣는 이들의 성경, 이성, 혹은 편견으로부터 어떤 명백한 의심이 생긴다면, 겉보기에 다르게 보이는 점들을 조화롭게 함으로써, 그 이유에 대하여 답하도록 하며, 또한 편견과 실수의 원인을 찾아내어 제거함으로써 의심을 해소하는 것이 매우 요구된다. 그렇지 않고 헛되고 사악한 궤변을 늘어놓거나 답변함으로써 듣는 이들이 여전히 의심에 머무르게 하는 것은 적절하지 않으며, 또한 그러한 궤변은 끝이 없을 것이기 때문에 그러한 궤변을 늘어놓고 반박하는 것은, 듣는 이들에게 덕을 함양하기는커녕 방해만 될 뿐이다.

● 설교자는 비록 그다지 명확하고 확증된 것이 아닐지라도 일반적인으로 설명되는 교리에 안주해서는 안 되며, 오히려 그의 청중들에게 적용함으로써 특별한 용도로 사용될 수 있도록 해야 한다. 비록 그것이 [설교자] 자신에게는 매우 어려운 일이며, 많은 신중함, 열의, 그리고 심사숙고함(meditation)을 요구하며, 또한 [부패한] 본성과 타락한 인간에게는 매우 불쾌한 일이 될 것이기는 하지만, 설교자는 그의 청중들이 하나님의 말씀이 살아 있고 강력하며, 또한 마음의 생각과 의도를 분별할 수 있도록 그 말씀을 전하는 데에 진력해야 하고, 아울러서 만일에 믿지 않는 어떤 사람 혹은 무지한 사람이 그 자리에 있다면, 설교자는 그 사람의 마음의 비밀을 드러내며, 또한 하나님께 영광을 돌릴 수 있도록 하여야 할 것이다.

● 어떠한 진리에 관한 지식에 대한 가르침(instruction)이나 정보

(information)를 사용함에 있어서 그의 교리에서 비롯된 결과인 경우에, 설교자는 (편리할 때) 손에 든 본문이나 성경의 다른 부분, 또는 그러한 진리가 속하는 신학 가운데서의 평범한 본질로부터의 몇 가지 확실한 주장들을 통하여 그것을 확인할 수가 있을 것이다.

● 설교자는 거짓된 교리를 반박하기 위하여 오래된 이단이 무덤으로부터 일어나도록 해서는 안 되며, 신성모독적인 견해를 불필요하게 언급해서도 안 된다. 하지만 만일에 사람들이 오류에 빠질 위험이 있는 경우라면, 설교자는 그것을 철저히 논박하고 모든 반대되는 이론들에 맞서서 사람들의 판단과 양심을 충족시키려고 노력해야 한다.

● 의무들을 권고함에 있어서, 설교자가 보기에 그 이유가 있다고 생각된다면 그 의무를 수행하는 데 도움이 되는 수단들 또한 가르치도록 한다.

권고(dehortation), 질책(reprehension), 공적인 훈계(publick admonition)(이러한 것들은 특별한 지혜를 필요로 한다)를 함에 있어서, 설교자는 타당한 이유가 있을 때마다 죄의 본질과 그 심각성, 죄에 따르는 비참함을 밝혀 주어야 할 뿐만 아니라, 듣는 사람들이 죄에 휩쓸려서 깜짝 놀라게 되는 위험성을 보여주어야 하며, 이를 피하는 가장 좋은 방법과 치료법까지도 제시하여야 한다.

● 모든 시험들(temptations)에 대한 일반적인 위로이든지, 혹은 어떤 특별한 문제나 공포에 대한 개별적인 위로이든지 간에, 설교자는 불안한 마음과 괴로운 정신이 그와 반대로 생각할 수 있는 그러한 반대 의견(objections)에 주의 깊게 답변하여야 한다. 이는 또한 때때로 몇 가지 시련의 특징들(notes of trial)을 제공하는 것도 필요하며(이는 특별히 유능하고 경험이 많은 목사가 신중하고도 현명하게, 그리고 성경에 근거하는 분명한 증거들을 가지고서 행할 때 매우 유익하다), 이를 통해서 듣는 사람들은 자신들이 그 은혜를 얻었는지, 그리고 그가 권고하는 의무들 다 수행하였는지, 아니면 책망받을만한 죄를 지었는지, 경고한 심판을 받을만한 위험에 처해 있는지, 혹은 제시된 위로가 자신에게 해당하는지를 스스로 돌아볼 수가 있을 것이다. 그리하여 그들은 의무에 대하여는 활기차고 흥미진진하며, 그들의 부족함과 죄악에 대해서는 겸손해지고, 위험에 대하여 공감할 뿐만 아니라, 그들의 상태를 조사한 후에 필요에 따른 위로로써 힘을 얻을 수가 있다.

그리고 설교자가 항상 자신의 본문에 있는 모든 교리를 따라야만 할 필요는 없지만, 자신의 거주지와 그의 양 떼(회중)와의 대화에서 가장 필요하고 시의적절하다고 생각되는 용도를 선택하는 것이 현명하다. 또한, 이러한 것들 가운데서 그들의 영혼들을 빛과 거룩함과 위로의 원천이신 그리스도께로 가장 잘 이끌 수가 있을 것이다.

● 이러한 방법은 모든 사람에게 필요한 것이 아니며, 모든 본문에 적용되는 것도 아니다. 하지만 [이러한 방법들은] 경험을 통해서 하나님의 큰 축복을 받은 것으로 밝혀졌으며, 사람들의 이해와 기억을 위해서도 큰 도움이 되었기 때문에 추천하는 것일 뿐이다.

● 그러나 그리스도의 종은 어떤 방법을 쓰든지 간에 [아래와 같은 태도로] 그의 모든 직무를 수행하여야 한다.

1. 주님의 일을 부주의하게 행하지 말고, 최선을 다하라.
2. 간단하게(Plainly) 말함으로써, 가장 미천한 사람이라도 이해할 수 있도록 하라. 진리를 사람의 지혜로서의 미혹하는 말로 전하지 아니하고, 다만 성령과 능력의 나타남으로 전할 것이니, 이는 그리스도의 십자가가 헛되지 않게 함이다. 또한, 알 수 없는 말(unknown tongues)이나, 이상한 문구(strange phrases), 그리고 이상한 소리(cadences of sounds)와 단어의 운율을 무익하게 사용하는 것도 삼가야 한다. 고대이든 현대이든 간에 교회나 다른 인간 작가들의 문장들은 그것이 아무리 우아한 것이라고 하더라도 절제하여 인용하라.

3. 자신의 이익이나 영광을 바라보지 말로, 그리스도의 영광과 사람들의 회심, [성도들의] 건덕, 그리고 구원을 신실하게 바라보도록 하라. 이처럼 거룩한 목적을 이루는 데 도움이 될 만한 것은 아무것도 숨기지 말고, 자신의 몫을 모두에게 나누어주며, 아울러서 모든 사람에게 공평하게 존중하도록 하고, 가장 비천한 사람이라

도 소홀히 대하지 아니하고, 가장 높은 사람이라 하더라도 그들의 죄를 소홀히 여기지 말아야 한다.

4. 목사의 모든 교리(doctrines)와 권고(exhortations), 그리고 특별히 책망(reproofs)을 가장 설득하기 좋을 만한 방식으로 지혜롭게 구성하도록 하라. [이를 위하여] 각 사람의 인격과 지위에 대한 모든 존중을 표하도록 하고, 자신의 격정이나 괴로움을 섞어서 하지 말아야 할 것이다.

5. 목사와 그의 목회사역을 멸시하는 사람들의 타락을 불러일으킬 수 있는 모든 몸짓, 목소리, 표현은 피하도록 하고, 하나님의 말씀에 걸맞은 엄숙함으로 수행하도록 하라.

6. 애정 어린 사랑과 더불어서, 사람들이 목사의 경건한 열정, 그리고 진심으로 그들에게 선을 행하고자 하는 열심에서 비롯된 것임을 알 수가 있도록 하라. 그리고,

7. 하나님으로부터 가르침을 받았고, 자신이 가르치는 모든 것이 그리스도의 진리라고 마음속으로 확신하는 대로 수행하도록 하라. 그리고 자신의 양 떼 앞에서 걸으며, 그들에게 본보기가 되도록 하라. 개인적으로나 공적으로나 간에 진지하게 행하며, 자신의 수고를 하나님의 축복에 맡기고, 자신과 주님께서 감독자로 세우신 양 떼를 주의 깊게 살피도록 하라. 그리하면 진리의 교리는 타

락하지 않고 보존될 것이며, 많은 영혼이 회개하고 바르게 세워질 것이고, 그 자신도 이 세상에서 수고한 것에 대한 여러 위로를 받을 것이며, 그 후에는 오는 세상에서 그를 위하여 마련된 영광의 면류관을 받을 것이다.

● 한 회중 가운데에 여러 명의 목사가 있고, 그들의 은사가 서로 다를 경우에는, 각각의 목사들은 자기가 가장 뛰어난 은사를 따라 교리나 권면에 더욱 전념할 수 있으되, 그들 사이의 합의에 따르도록 한다.

간략한 해설: 로마 가톨릭교회뿐 아니라 프로테스탄트 교회들 가운데서도 한동안 예배에서 설교를 중요하게 생각하지 않는 분위기가 상당히 자리하고 있었습니다. 그러나 웨스트민스터 총회가 산출한 웨스트민스터 예배모범을 보면, 기도에 관한 문구들 다음으로 긴 분량에 걸쳐서 설교에 관한 문구들을 제시하고 있음을 볼 수가 있습니다. 이러한 웨스트민스터 예배모범의 특징은 곧장 장로교회의 예배에서 설교가 얼마나 중요하게 생각되는지를 반증해 주는데, "말씀의 설교는 구원에 이르는 하나님의 능력이요, 복음 사역에 속한 가장 위대하고 탁월한 일들 가운데 하나"라고 한 말씀의 설교에 관한 예배모범의 첫 문장이 이를 단적으로 보여줍니다. 종교개혁의 양상과 역사에 있어서 다섯 가지 "오직(sola)"의 구호가 있는데, 그 가운데서도 가장 기초를 이루는 것이 바로 "오직 성경(sola scriptura)"라는 구호입니다. 그리고 이는 웨스트민스터 총

회가 산출한 신앙고백에서 단적으로 확인할 수가 있는데, 전체 신앙고백의 시작-1장-이 '성경'에 관한 신앙고백인 것과 더불어서 1장 1항의 "구원에 이르도록 하는 데 필연적인 하나님과 하나님의 뜻을 아는 지식"은 "절대 필연적인 것"으로서의 '성경'이라고 하는 문구 가운데서 여실히 파악할 수가 있습니다. 마찬가지로 하나님의 택하심 가운데서 모아지는 천상의 교회-비가시적인 교회-가 이 지상에 가시적으로 모아질 때에도 그 근거가 바로 '성경'이라는 점에서, 말씀-구원에 이르도록 하는 데 필연적인 성경-의 사역자인 목사의 설교사역이 얼마나 중요한 것인지를 생각해 볼 수가 있을 것입니다. 그러므로 웨스트민스터 예배모범에서 다루는 설교에 관한 지침들에 있어서 가장 중요하게 다루는 것이 바로 성경 본문에 대한 것이며, 바로 그처럼 성경의 중요성에 근거하여 설교 또한 중요한 예배의 순서로 자리하게 된 것임을 알 수가 있습니다.

그러나 안타깝게도 오늘날 교회의 회중들은 예배에 있어 설교의 비중을 그리 크게 두지 않는 실정입니다. 목사의 설교는 하나님의 말씀인 성경을 주석하고 해석하여 삶에 적용하여 주는 '강해(Exegetical Sermon)'의 형식이 아니라 찬양사역의 흐름을 이어받는 에피소드(episode) 방식으로 널리 변질하여 있으며, 그나마도 인간의 관점과 이해에 기초하여 설교하는 것을 볼 수가 있는데, 그러한 인간의 관점에서 볼 때 신앙 또한 인과율(principle of causality)에 바탕하는 공로적인 것이라 생각(meritorious thought)되는 지경이며, 많은 부분에 있어서 이신칭의(Justification by Faith. 마틴 루터는 이를 가리켜 "교회가 서고 무너지는 교리(articulus stantis et cadentis ecclesiae)"라고 했다)
의 핵심조차도 무너져버린 실정입니다. 그러므로 예배에서 목사
의 설교보다는 성가대나 전문적인 찬양사역자들의 화려한 노래와
몸동작에 점점 더 비중을 두는 실정이지요. "말씀의 설교는 구원
에 이르는 하나님의 능력이요, 복음 사역에 속한 가장 위대하고 탁
월한 일들 가운데 하나이므로 그 일꾼이 부끄러워할 필요가 없으
며, 오히려 자신과 그 말씀을 듣는 사람들을 구원할 수 있도록 수
행되어야 한다."고 한 예배모범의 문구와는 정반대가 된 것입니
다. 사실, '이신칭의'의 신앙을 비롯한 성경의 진리를 다루는 말씀
의 사역자인 설교자(목사)는, 이신칭의의 신앙과 마찬가지로 "교회
가 서고 무너지는" 사역을 담당하는 중요한 직분입니다. 말씀 사역
자인 설교자를 통하여 수행되는 "구원에 이르는 하나님의 능력이
요, 복음 사역에 속한 가장 위대하고 탁월한 일들" 가운데서 "진리
의 기둥과 터"인 "하나님의 교회"(딤전 3:15)가 세워지기도 하고 무
너지기도 하는 것이지요. 그러므로 이러한 직분자에게는 "언어에
대한 능력과 신학에 있어 종속적으로 필요한 교양과 과학(arts and
sciences)에 대한 재능을 통하여 이처럼 중요한 봉사를 할 수 있는
상당한 재능을 가지고 있어야 한다는 것이 우선적으로 전제"되어
야 마땅한 것입니다. 나중에 교회의 세 번째 표지인 '권징'에 관련한
교회정치의 내용들, 그 가운데서도 목사의 임직에 관련한 지침에서
"누구라도 합법적인 부르심이 없이 목사의 직분을 맡아서는 안 된
다."고 한 것에서 확인할 수 있듯이, 교회가 서고 무너지는 중요한
진리를 다루고 가르치는 말씀 사역자인 목사는 하나님의 부르심

을 확인할 수 있는 은사-언어에 대한 능력과 신학에 있어 종속적으로 필요한 교양과 과학에 대한 재능 등의 학자적 소양-가 공적으로 검증되는 자여야 마땅하다 하겠습니다. 이를 가리켜서 '공적인 소명(부르심)'이라고 하는데, 사도시대 이후로 말씀 사역자인 목사의 소명은 '개인적인(내적인) 소명'보다도 그 사역에 적합한 은사로서 공적으로 확인되는 공적 소명을 항상 중요하게 여겼습니다.

한편, 웨스트민스터 예배모범의 설교에 관한 지침들은 일차적으로 설교자들이 어떻게 준비되고, 어떤 자세로 설교에 임할 것이며, 또한 어떤 자세로 성경 본문과 그 가운데서 도출되는 진리를 정리한 교리를 정립할 것이냐 등의 문제를 다루고 있어서 표면적으로 '회중(청중)'과는 무관한 지침들인 것처럼 보일 것입니다. 하지만 이러한 설교에 관련한 지침들은 예배 가운데서 설교가 어떤 기능과 역할을 수행하는 것인지를 함께 밝히고 있어서, 이를 바탕으로 예배 가운데 있는 회중이 어떠한 자세로 그 순서에 동참해야 하는지를 생각할 수 있도록 하고 있습니다. 그러므로 이러한 지침들을 통해서 회중들도 참된 설교와 설교자에 관한 명백한 분별점을 얻을 수 있으며, 그러한 분별점 가운데서 설교를 듣는 자로서 회중들이 어떻게 예배하여야 하는지에 대한 지침들 또한 분명하게 얻을 수가 있는 것입니다.

4.
"성례"의 표지는
어떻게 교회를 나타내 보이는가?

교회의 표지가 지니는 '공통적인 성격'은 무엇인가?

'교회의 표지(The Signes of the Church)'라는 개념은, 기본적으로 로마 가톨릭교회의 비성경적인 신앙을 혁파한 종교 개혁가들에 의하여 산출된 것입니다. 물론 그 이전에도 더욱 근원적인 표지의 개념들이 교회 안에 공유되어 있었지만, 그러한 개념에 주목하고 집중적으로 정리하게 된 계기가 바로 종교 개혁의 물결이었던 것이지요. 로마 가톨릭교회가 참된 교회를 지상에 있는 로마 가톨릭교회와 직결시키고, 또한 건물이나 사제들, 그리고 로마 가톨릭교회의 위계(Hierarchy) 자체에 영적인(혹은 신비적인) 정체성을 부여하였던 것과 다르게 종교 개혁자들은 눈으로 볼 수 없는 참된 교회가 어떻게 이 지상의 교회들 가운데서 가시적으로 드러나게 되는지, 그리고 교회의 본질적인 구별이 무엇에 의해서 규정될 수 있는지를 성경에 근거하여 '표지'의 개념으로 재정립했던 것입니다. 그처럼 개혁된 신앙을 대표하는 인물 가운데 한 사람인 장 칼뱅은 그의 책

기독교 강요(최종판)에서 엡 2:20절에 기록한바 "너희는 사도들과 선지자들의 터 위에 세우심을 입은 자라 그리스도 예수께서 친히 모퉁잇돌이 되셨느니라"는 말씀을 바탕으로 언급하기를, "교회의 기초는 사람의 판단이나 사제 계급의 판단이 아니라 사도들과 예언자들의 교훈이라고 바울은 우리의 기억을 환기시킨다."고 하면서 덧붙이기를 "교회는 그리스도의 나라이며 그리스도께서 그의 말씀만으로 지배하시므로, 그리스도의 말씀 홀로 즉, 그의 지극히 거룩한 말씀과 별개로 그리스도의 나라가 존재하듯이 상상하는 것은 거짓말이라는 것을 어느 누가 분명하게 깨닫지 못하겠는가?"라고 말했습니다. 그런즉 교회의 표지에 대한 이해의 기초는, 조직된 교회의 모습 그 자체나 교회의 여러 운영 형태가 아니라 하나님의 말씀인 '성경'임을 알 수가 있습니다. 오직 성경에 규정하고 제시한 바를 얼마나 분명하게 이해하고 충실히 따르느냐에 의하여서, 이 지상에 모인 그리스도인 회중과 직분들로 이뤄진 교회가 얼마나 참된 교회에 가까운지를 나타내 보일 수 있는 것이지요. 한마디로 교회는 얼마나 크고 웅장한 건축물 가운데 모이느냐, 얼마나 많은 수의 회중으로 모이느냐, 그리고 사회에 대하여 얼마나 영향력을 발휘하느냐 등에 의하여 명료하게 나타나 보이는 것이 아니라 성경에 규정되고 제시된 신앙과 삶(실천)의 방식과 태도를 얼마나 충실하게 숙지하고 이행하느냐에 따라 "더욱 혹은 덜" 나타나 보이게 되는 것입니다.

● 창 2:17절에 기록한바, 사람에 대한 여호와 하나님의 명령은 무엇입니까?[23]

● 롬 2:13절에서 사도 바울은 하나님 앞에서 의로운 자는 어떠한 자라고 했습니까?[24]

　　창세기 3장에 기록한바, 여자(하와)와 남자(아담)의 범죄 즉, 원죄(peccatum originale, original sin)는 '하나님의 (금하신) 명령'을 거스르는 것이었습니다. 그런즉 모든 죄의 원형(Original)은, 하나님의 명령을 포함하는 성경의 말씀들을 벗어나서 자기 생각과 판단을 더욱 앞세워서 행하려는 것-창 3:6절을 참조-이었음을 알 수가 있습니다. 모든 인류의 조상인 아담과 하와의 그러한 범죄 이후로 탄생한 사람들은, 항상 하나님의 말씀과 명령을 거슬러서 자기 생각을 앞세워서 판단하고 행하려 한다는 점에서 근본적인 죄성을 지니고 있는 것이지요. 바로 이러한 관점으로 보건대 하나님의 자녀들로 이루어진 교회의 표지가 하나님의 말씀인 성경의 진리와 복음에 있는 것은, 하나님의 말씀에 대한 불순종이라고 하는 죄의 근원적 양상을 거슬러서 다시금 하나님의 말씀에 머무르려고 하는 주님의 백성들이 당연하게 실행하려는 '순종'(obedience)을 단적으로 나타내 보이는 것이라 하겠습니다. 그러므로 하나님의 택함을 입은 백성이요 자녀들로 이뤄진 참된 교회를 이 지상에 나타내 보이는 '표지'들의 공통적인 성격은, 하나님의 말씀이 아니라 인간 자신의 견해와 판단을 우선으로 하는 습성을 철저히 버리고서, 다시금 하나님의 규정된 말씀에 전적으로 순종하려고 하는 것임을 알 수가 있을 것입니다. 아무리 많은 무리의 회중이 아무리 큰 규모의 예배당에 모여서 아무리 거창하고 화려한 이벤트와 사회적인 활동을 벌인다고 해도, 하나님의 말씀인 성경의 가르침과 교훈들, 무엇보다 성경에 규정적으로 제시된 명령과 규정을 따른 예배와 교회의 운영이 이뤄지지 않는다면, 참된 하나님의 교회가 보이지 않게 되는 것이지요.

교회의 두 번째 표지인 "성례"의 합당한 시행

앞에서 살펴본 바와 같이 모든 교회의 표지들은 공통적으로 "하나님의 규정된 말씀에 전적으로 순종하는" 맥락을 지니고 있습니다. 교회의 표지가 세 가지인 것도, 사람들이 숙지하기 쉽게 임의로 정한 것이 아니라 성경에서 제시하고 가르친 바에 근거하여 그처럼 세 가지로 정한 것입니다. 그러므로 참다운 교회의 두 번째 표지인 "성례(sacrament)의 시행"이라는 것 역시도, 하나님의 말씀인 성경의 진리와 긴밀하게 연계된 것임을 짐작할 수 있을 것입니다.

'성례'라는 단어는 영어로 'sacrament'인데, 영어 단어 '사크라멘트'는 라틴어 'sacramentum'에 어원을 두고 있습니다. 또한, 라틴어 '사크라멘툼'은 "거룩한", 혹은 "범할 수 없는"이라는 뜻의 라틴어 'sacer'를 어근으로 하는 단입니다. 그리고 이 '사크라멘툼'은 헬라어 단어인 'μυστηριον(mysterion)'을 번역한 것으로서, 전반적으로 "거룩히 감추어진 비밀"이라는 의미를 내포하고 있습니다. 한마디로 성례란 "거룩히 감추어진 비밀"을 암시하며 눈앞에 보여주는 예식으로서, 그처럼 감추어진 거룩한 비밀이란 다름이 아니라 하나님의 말씀과 그 가운데 담긴 진리, 그리고 은혜에 관한 것입니다. 그러므로 성례를 가리켜서 "보이는 말씀(Verba visibilia)"이라고도 칭하지요. 이처럼 하나님의 말씀에 감추어진 거룩한 비밀을 눈앞에서 보여주는 의미를 담고 있는 예식이 바로 성례라는 사실을, 성례라는 단어의 유래와 어원을 통해 간략하게나마 파악해 볼 수가 있는 것입니다.

반면에 성례와 하나님의 말씀인 성경의 진리 사이에 긴밀하게 연계됨을 인정하지 않고, 오히려 하나님의 말씀인 성경의 진리와 전혀 별개로 성례를 구분지었던 것이 바로 로마 가톨릭교회의 '성례(성사)의 시행(administratio sacramenti)'입니다. 즉, 하나님의 말씀이 참되게 선포되고 가르쳐지는 것, 그리고 성경에서 규정하는 바에

로마 가톨릭교회의 성례가 '실체 변화(transubstantiation)'에 바탕을 두는 데 반해, 프로테스탄트 교회의 성례는 '말씀'의 가르침과 그에 대한 이해에 의한 영적 은혜와 유익에 바탕을 둔다.

따르는 것과 별개로, 성례는 그 자체로서 효력을 지닌다고 보는 것입니다. 그러므로 개혁파 교회에서의 성례 시행이 항상 하나님의 말씀과 진리에 대한 바른 선포와 연계하여 이뤄졌던 것과 달리, 로마 가톨릭교회에서는 '사효론(ex opere operato, from the work worked. 즉, 성례가 자체적으로 은혜를 전달하는 능력이 있다는 이론)'에 근거하여 성례 그 자체로서 신비적인 은혜와 효력이 있다고 보았습니다.

한편, 이러한 사효론과 별도로 로마 가톨릭교회에서는 '인효론(Ex Opere Operantis, by the work of the worker)'이라는 것을 주장하기도 했는데, 이는 성례의 효력이 그 성례를 집례하거나 받아들이는 사람의 신앙적인 상태나 도덕성에 따라 달라진다고 보는 개념입니다. 이러한 로마 가톨릭교회의 성례론을 바탕으로 하여 사적인 성례의 시행도 가능하게 된 것인데, 이러한 맥락으로 발달한 예식 가운데 하나가 바로 로마 가톨릭교회의 '퇴마의식' 혹은 '구마의식'(Exorcismus)이지요. 예수 그리스도의 말씀이나 가르침을 정확하게 가르치고 이해하는 것과는 별개로, 예수 그리스도와 관련한 간단한 이해로서 진술하여 선포하는 사제의 말이나 기도문 그 자체로도 어떠한 예식으로서의 효력이 있다고 보는 것입니다. 바로 이러한 로마 가톨릭교회의 예식들이 현대의 프로테스탄트 교회들 가운데 다시 유입되어, '축귀 사역' 혹은 '치유 사역' 등의 형태로 널리 퍼져있는 실정입니다.

● 창 17:7절에서 아브람에게 말씀한 "영원한 언약"의 표징(a token)은 무엇이었습니까?[25]

● 롬 2:28-29절에서 사도 바울은 창세기 17장에서 언급한 언약의 표징에 대하여 어떻게 설명하고 있습니까?[26]

안타깝게도 현대의 많은 프로테스탄트 교회 가운데서 행하는 성례들을 보면 하나님의 말씀인 성경의 진리와 그에 대한 합당한 이해, 그러한 이해에 바탕을 둔 확고부동한 믿음과 이를 잘 정립한 교리의 숙지와는 별개로, 거의 로마 가톨릭교회의 성례와 유사하게 시행되는 경우를 흔히 볼 수가 있습니다. 예컨대 별다른 교육이나 깊이 있는 세례 문답도 없이, 피세례자의 주관적이고 즉흥적인 종교심이나 결단을 근거로 하여 공적인 세례를 시행하는 진중 세례와도 별반 다르지 않은 성례가 행해지는 것을 목격할 수가 있는 것입니다. 그러나 롬 2:13절에서 사도 바울은 이르기를, "하나님 앞에서 율법을 듣는 자가 의인이 아니요 오직 율법을 행하는 자라야 의롭다 하심을 얻으리"라고 했고, 또한 28절에서는 할례-지금의 세례-에 관하여서 "표면적 육신의 할례가 할례가 아니"라고 했습니다.

즉, 하나님의 말씀을 듣는다는 것은 단순히 귀로 듣는 것만을 지칭하는 것이 아니라 마음으로 이해하고서 회개하며 또한 그 말씀에 순종하여 행하는 실천을 동반하는 것을 일컬으며, 이는 영원한 언약의 표징으로서 행하는 할례-즉, 세례-에 있어서도 마찬가지로 단순히 육신에 시행하는 행위만을 말하는 것이 아니라 마음 가운데 이해하고 동의함을 가지고서 행하는 영적인 의미에서의 언약을 육신에 새기듯이 하라는 것임을 권면한 것입니다. 그런즉 '성례'란, 그것을 행하고 참여하는 그 자체로서 영적인 유익과 은혜를 입는 것이 아니라 그것을 제정하신 하나님에 대한 깊은 이해-바로 이것이 '믿음'이다-와 굳은 확신, 그리고 개인의 경건과 예비함을 통하여서 그 은혜와 유익이 제공되는 것임을 알 수가 있습니다.*

● 고전 10:16절에서 사도 바울은 성찬의 잔과 한 덩이에서 떼어 나누는 빵에 관하여 뭐라고 언급했습니까?[27]

● 또한, 고전 11:26절에서 사도 바울은 성찬의 시행에 대하여 뭐라고 했습니까?[28]

웨스트민스터 신앙고백은 제27장에서 성례에 관하여 다루고 있는데, 제27장 1항에서 고백하기를 "성례는 그리스도와 그의 은총을 나타내기 위하여, 그리고 그분 안에서 얻는 우리의 유익들을 확증하기 위한 은혜 언약의 거룩한 표지(Signes)요 인(Seals)이다. 또한, 교회에 속한 이들과 세상의 나머지 사람들 사이의 다른 점을 눈에 보이게 나타내주기 위한 것이다. 그리고 특별히 하나님의 말씀에 따라서, 그들을 그리스도 안에서 하나님께 대한 예배에 참여

---

* 이러한 은혜는 심지어 우리 자신의 확신있는 믿음 그 자체에 근거하는 것도 아니다. 오히려 그러한 믿음조차도 하나님의 언약으로 말미암은 결과이다. 그런즉 "은혜 언약을 나타내며 확증하는 거룩한 표징이요 인장"(웨스트민스터 신앙고백 제27장 1항)인 성례는, 그 자체로서나 그것을 시행하는 사역자의 거룩이나 경건, 심지어 그 시행에 참여하는 우리의 믿음을 근거로 하는 것도 아니며, 다만 그것을 제정하시고 약속하신 표징을 드러내 주시는 하나님으로 말미암아 효력이 있게 되는 것이다.

시키기 위한 것이다."라고 했습니다. 그러므로 예배 때에 성례를 시행하되, 하나님의 말씀인 성경에서 규정한 바를 따라 온전하게 시행하는 것을 통하여 하나님의 말씀에 대한 가시적인-눈에 보이는- 확신과 더불어서 세상의 사람들과 구별되는 교회에 속한 사람들의 모습을 눈앞에 드러내 주고 전파하는 것이 바로 '성례'임을 알 수가 있는데, 고전 11:24-25절에서 언급하는 "나를 기념하라(remembrance of me)"는 성찬과 관련한 주님의 말씀은 26절에서 언급하는바 "주의 죽으심을 그가 오실 때까지 전하는 것(do show)"과 연관되어서, 주님의 희생에 관한 말씀과 그로 말미암아 제공되는 은총을 기억하며 눈앞에 드러내 보이는 것이 바로 '성찬(εὐχαριστία, The Holy Communion)'이라는 성례임을 파악할 수 있습니다. 아울러서 성경에 기록한 바를 따라 바르게 시행하는 성례의 시행은, 그 자체로 믿지 않는 사람들에게 참된 믿음과 그리스도 안에서 약속된 축복에 관하여 보여주며 전파하는 선교적인 성격 또한 내포하고 있는 것임을 알 수가 있습니다. 세상의 빛과 소금으로서의 선교적인 사명은, 선교사 개인의 헌신 이전에, 진리의 말씀에 충실한 교회의 공적인 행실-즉, 하나님의 말씀에 충실한 성례-을 통해서 실질적으로 수행되는 것이지요.

여기서 다시 한번 성례의 '표징(sign)'과 성례의 '본체(matter)'를 구별하여 볼 필요가 있습니다. 앞서 로마 가톨릭교회가 말씀과 성례 사이를 구분하여서 말씀의 바른 선포와 가르침, 그리고 이에 대한 이해가 집례자와 회중들 가운데 수반되지 않는다고 할지라도 성례는 그 시행 자체만으로도 효력을 지니는 것이라고 주장한 것은 잘못이라고 했는데, 그 말은 성례와 성례의 본체 사이를 구별해서는 안 된다는 말이 아닙니다. 로마 가톨릭교회에서는 말씀의 바른 선포와 성례를 분리하여 성례의 집례자나 참여자 자신의 경건이나 성례 그 자체의 효력이 유효함을 주장함으로써 성례의 올바른 양식 즉, 성경에 명시적으로 규정되었거나 연역(Deductive reasoning)할 수 있는 바른 양식에서 벗어났으며, 그에 따라 사적인 성례의 효력조차도 인정하였던 것입니다. 한 마디로 말씀을 통하여 얻는 바른 믿음과 이해와는 별개로 사제 혹은 성례에 참여하는 사람의 거룩과 신실성에 의하여 성례에 효력과 은혜가 있게 된다고 본 것이지요.

● '규정적 원리(the regulative principle)'에 관하여 검색하여, 이해한 바를 서로 나눠 보십시오.

● 고전 11:23절에서 사도 바울은 자신이 시행하는 성찬을 가리켜서 누가 제정하신 것이라고 했습니까?[29]

히 5:1절에서 사도는 "하나님께 속한 일에 사람을 위하여 예물과 속죄하는 제사를 드리"는 것이 "사람 가운데서 택한 자"인 대제

96

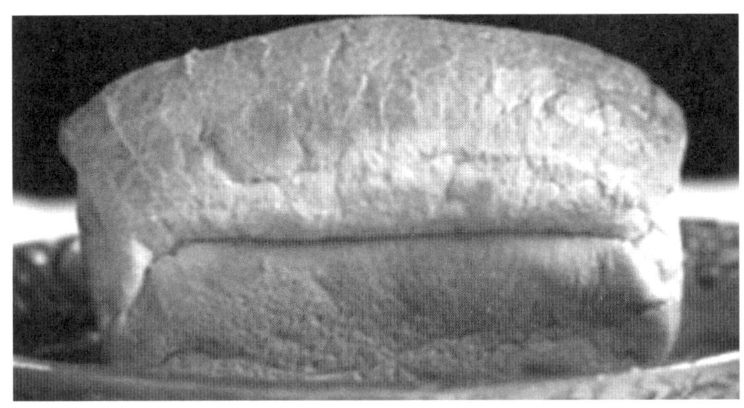

한 덩어리의 빵에서 떼어낸 조각을 떼어서 나누어 먹는 성찬의 형식에서 우리는 교회 회중의 적절한 규모에 대한 암시를 얻을 수가 있다. 한 덩이 빵에서 떼어낸 조각을 함께 나눌 수 있는 정도의 수 (number)를 넘어서는 회중의 규모(scale)는, 주께서 친히 보이신 통상적 성례의 모범을 벗어나는 크기 (size)이기 때문이다.

사장에 의해 수행되었음을 언급했습니다. 또한, 4절에서도 "이 존 귀는 아무도 스스로 취하지 못하고 오직 아론과 같이 하나님의 부르심을 받은 자라야 할 것이니라."고 하여, 제사-구약의 성례-의 시행이 하나님의 택하심을 입은 사역자들에 의해 이뤄진 것임을 말하였습니다. 그러므로 고린도전서 11장에서 사도 바울은 회중에 의하여 준비된 애찬(agape feast)과 자신이 전한바 주께 받은 성찬(the Supper of the Lord)을 구별하여서, "너희가 이 떡을 먹으며 이 잔을 마실 때마다 주의 죽으심을 그가 오실 때까지 전하는 것이니라."(26절)고 말했던 것이지요. 한마디로 주님의 제정과 택하심-제정된 사역으로의 부름-에 따라서 수행되는 합당한 성례는 그 성례가 표명하는 본체로서의 능력과 은혜를 나타내 보이는 것이지만, 그렇지 않은 성례의 시행은 아무런 능력이나 은혜도 없이 "주의 몸과 피에 대하여 죄를 짓는 것"(27절)이 될 수 있는 것이라는 말입니다. 그러므로 성례에 관하여 다루고 있는 웨스트민스터 신앙고백 제27장은, 4항에 이르기를 "복음 안에서 우리의 주님이신 그리스도에 의해 제정된 성례는 두 가지뿐으로, 그것은 세례와 주의 만찬이다. 그것들 가운데 어느 것이든 누구라도 집례할 수 있는 것이 아니며, 다만 적법하게 세워진 말씀의 사역자에 의해 집례되어야 한다."고 했습니다. 따라서 적법하게 세워진 말씀의 사역자 이외에, 심지어 산파(midwife)에게까지 사적으로 세례를 집례하는 것을 허용했었던 로마 가톨릭교회는, 세례라는 성례에 대하여서 오히려 죄를 범하는 결과를 초래했던 것임을 알 수가 있습니다.

한편, 장 칼뱅은 기독교 강요 4권에서 어거스틴의 말을 인용하여 "성례는 모든 사람에게 공통적(common), 모든 사람에게 공유되는 것이라는 말이다-이나, 은혜 곧 성례의 능력은 공통적이 아니다. 그와 같이 중생의 씻음 곧 세례는 지금 모든 사람에게 공통적이지만 그리스도의 지체들이 그 머리와 함께 중생하게 되는 은혜 자체는 모든 사람에게 공통된 것이 아니"라고 했습니다. 그러면서 덧붙여 이르기를 "진리가 없는 표징이 아니라 본체와 표징을 겸하여서 가지기 위해서는 거기에 포함된 말씀을 믿음을 가지고서 이해하여야 한다."고 했습니다. 즉, 성례와 관련한 성경의 말씀 가운데 있는 진리-특히 그리스도의 복음에 관한 진리-에 대한 믿음을 통하여 비로소 성례의 은혜와 능력이 참여자에게 전달된다는 것인데, 이를 가능케 하는 분이 바로 성령님이시지요. 장 칼뱅은 기독교 강요 4권에서 이에 관하여 언급하기를, "성령께서 동반하시지 않으시면 성례는 더 이상의 유익이 없게 된다. 우리의 마음을 열어 이 증거를 받아들일 수 있게 만드시는 분은 성령이시기 때문"이라고 했습니다. 이는 성례에 관하여 다루고 있는 웨스트민스터 신앙고백 제27장 2항의 "성례전적 결합(Sacramental union)"이라는 언급과 직결된 설명입니다. 즉, "모든 성례 안에는 표징(the Sign)과 그 의미(the Thing signified) 사이의 영적인 관계"가 있는데, 그것은 성령님에 의하여 비로소 효력이 있게 된다는 3항의 고백과 같은 것이지요. 그러므로 성례의 효력과 은혜는 성령님의 고유적인 사역에 의하여 비로소 성례에 참여하는 자들에게 공유되는 것이며, 성례 자체에 대해서는 "그 표징이 뜻하는 것"을 정확하게 표명하는 데에 집중하여야 함을 알 수가 있습니다. 집례자가 그 표징의 의미를 정확하게 드러내지 못하거나, 잘 알지도 못하는 가운데서는 성령님의 효력있는 사역으로 말미암는 은혜 또한, 기대할 수가 없는 것입니다.

● 마 28:19절에서 "너희는 가서 모든 민족을 제자로 삼아 아버지와 아들과 성령의 이름으로 세례를 베풀"라고 하신 예수님의 말씀은 누구에게 하신 말씀입니까?[30]

● 고전 10:1-4절 말씀으로 볼 때에, 구약-특히 출애굽 시대-의 성례와 신약

의 성례는 본질적으로 동일한 것인가요?[31]

행 7:38절에서 스데반은 모세에 관하여 언급하기를, "시내 산에서 말하던 그 천사와 우리 조상들과 함께 광야 교회에 있었고 또 살아 있는 말씀을 받아 우리에게 주던 자가 이 사람이라."고 했습니다. 출애굽 한 백성들의 무리를 가리켜서 "교회"라 칭한 것이지요. 그런데 광야의 백성들 가운데에는 이스라엘 백성들뿐 아니라 "중다한 잡족"들(출 12:38)도 섞여 있었습니다. 그리고 그들은 "광야 교회"라 불리는 그 무리 가운데서 수시로 불만과 하나님의 명령과 말씀에 대한 거역을 불러일으켰습니다. 이처럼 모세 시대에 교회로 구별된 것처럼 보였던 광야 교회조차도 이 땅에서는 참된 교회로 나타나 보이지는 못했음을 볼 수가 있습니다(39-43절). 이후로 이스라엘의 역사와 신약시대, 그리고 현대에 이르기까지 지상의 교회들은 단 한 번도 온전하고 참된 교회의 모습을 보여주지를 못했습니다. 한마디로 이 지상에 있는 모든 교회들은, 웨스트민스터 신앙고백 제25장 5항에 고백한바 "하늘 아래 가장 순수한 교회라도 혼합과 오류에 영향을 받는다."는 문구처럼 온전하지 못한 것입니다. 마치 요한계시록 2장에 기록한바 일곱 교회의 모습과도 같이, 이 지상에서는 결코 완전하지 못한 것이 바로 이 지상의 가시적인 교회들의 분명한 현실입니다.

하지만 그럼에도 불구하고 "개별 교회들 가운데서 얼마나 순수하게 복음의 교리가 가르쳐지고 신봉되"느냐 뿐만 아니라, "(순수한 복음의 교리에 따라) 성례가 시행되"는 것을 통해서(웨스트민스터 신앙고백 제 25장 4항) 지상에 있는 개별 교회들은 보편적 교회의 모습을 나타내 보일 수가 있습니다. 마치 광야 교회에 있었던 "증거의 장막"을 "모 세에게 말씀하신 이가 명하사 그가 본 그 양식대로 만들게" 하셨 던 것처럼, 지상에 있는 개별 교회들이 하나님의 말씀으로 기록된 성경에 따른 '규정적 원리'에 따라 세워지고 운영됨으로써 보편적 교회를 "조금 더 눈에 띄게" 할 수가 있는 것이지요. 한 마디로 예 배 가운데서 하나님의 말씀인 성경의 진리 곧, 순수한 복음을 선포 (설교)하고 그 교리의 가르침을 잘 듣는 회중으로서뿐만 아니라 성 경에 규정적으로 명시되어 있는 원리를 따라 준행하는 성례의 시 행을 통하여서, 사람의 본성 가운데 뿌리를 깊이 내리고 있는 부패 와 정욕을 거슬러서 하나님의 명령과 말씀에 철저히 순종하는 모 습으로서 구별되는 참된 교회의 면면을 이 지상에 조금이나마 드 러내 보일 수가 있는 것입니다. 그러니 "하늘 아래 가장 순수한 교 회라도 혼합과 오류에 영향을 받는" 것을 핑계로 나태하고 방만하 게 교회에 대한 개혁을 방임하려고 할 것이 아니라 "(개혁된) 교회는 항상 개혁되어야 한다"는 종교개혁의 정신을 따라서 성경에 규정 되어 있는 바가 무엇인지를 알고자 힘쓰며, 우리 주님이 명하시고 가르치신바 하나님의 율법에 순종하기를 힘쓰는 교회와 성도들이 될 때에, 교회는 비로소 이 세상 가운데 더욱 분명하게 그 모습을 드러내 보이게 될 것입니다. **고백과문답**

살펴볼 자료:
웨스트민스터 예배모범(the DIRECTORY for Publick Worship, 1645)이 규정하는 성례(세례와 성찬)에 관련한 지침들

1. 세례에 관하여: 세례는 불필요하게 미루어져서는 안 될 뿐만 아니라 어떠한 경우이든 공식적이지 않은 사람(private person)이 집례해서도 안 되며, 오히려 하나님의 비밀을 맡은 청지기로서 부름을 받은 그리스도의 사역자가 집례하여야 한다.

아울러 공식적이지 않은 장소(private places)에서, 혹은 비밀리에 집례해서도 안 되며, 오히려 회중이 가장 편리하게 보고 들을 수 있는 공적인 예배의 장소에서, 회중을 대면하여 집례하여야 한다. 또한, 로마 가톨릭 시대에 부적절하고 미신적으로 놓여 있었던 세례반(fonts. 로마 가톨릭교회에서는 '성수반'이라 부름)이 있는 곳에서 집례해서도 안 된다.

세례를 받을 아이는 (세례를 받기) 하루 전에 목사에게 통지된 이후에, (그 아이의) 아버지의 소개, 혹은 (아이의 아버지가 불가피하게 부재한 경우에 있어서는) 그곳에 있는 그리스도인 친우의 소개를 받아서, 그 아이가 세례받기를 원할 것이라는 진지한 바람을 분명하게 밝히도록 한다.

세례 전에, 목사는 이 성례의 제정, 본질, 용도, 그리고 목적에 관하여 몇 가지 교훈의 말들을 전하여야 하는데, [이는]

"이것은 우리 주 예수 그리스도께서 제정하신 것입니다. 이것은 은혜 언약의 인장(the covenant of grace)으로서, 우리가 그리스도께 접붙여짐, 그리고 그리스도와 더불어서 연합됨을 의미하며, 죄 사함, 거듭남(regeneration), 양자됨(adoption), 그리고 영생을 의미하는 것입니다. 세례에서의 물은, 원죄와 실제적인 죄의 모든 죄책(guilt)을 없애는 그리스도의 피를 상징하고 의미하는 것입니다. 또한, 죄의 지배와 우리의 죄악된 본성(sinful nature)의 타락에 대하여 그리스도의 영의 거룩케 하는 능력(the sanctifying virtue)을 의미하는 것이기도 합니다. 아울러 세례를 베푸는 것, 혹은 물로 뿌리고 씻는 것은, 그리스도의 피와 그리스도의 공로로 죄를 씻는 것, 더불어서 죄를 죽이며 죄에서 새 생명으로 일어나는 것을 의미하는 것인데, 이는 그리스도의 죽음과 부활의 능력(virtue of the death and resurrection of Christ)으로 말미암는 것입니다. 이러한 약속은 믿는 자들과 그들의 자손에게 주어진 것입니다. 그리고 교회 가운데서 태어난 신자들의 자손과 후손(the seed and posterity)들은, 태어날 때부터 언약에 의한 유익과 언약의 인침에 대한 권리, 그리고 복음에 따른 교회의 외적인 특권에 대한 권리를 지니고 있는데, 이는 구약 시대의 아브라함의 자손들에 못지않은 것입니다. 은혜 언약(the covenant of grace)은 본질상 동일한 것입니다. 그리고 하나님의 은혜와 믿는 자들의 위로에 있어서는 이전보다 더욱 풍성해졌습니다. 하나님의 아들[예수 그리스도]께서는 어린아이들을 그의 앞으로 받아들이시고, 그들을 껴안고 축복하시면서, "하나님의 나라는 이런 자들의 것이니라"고 말씀하셨습니다. 아이들은 세례를 통하여 가시적인 교회의 품 안으로 엄숙하게 받아들여지고, 세상으로부터, 그리고 밖에 있는 사람들과 구별되며, 믿는 자들과는 연합을 이루게 됩니다. 또한, 그리스도의 이름으로 세례를 받은 모든 사람은 자신을 부인하며, 그들의 세례로써 마귀와 세상, 그리고 육체에 맞서서 싸워야 합니다. 그들은 기독교인이며, 세례 이전에 언약적으로(federally) 거룩하니, 그러므로 그들은 세례를 받는 것입니다. 세례의 내적인 은혜와 효력(virtue)은, 세례가 집례되는 그 순간에만 국한되는 것이 아닙니다. 또한, 그 열매와 능력(power)은 우리의 삶의 모든 과정에 걸쳐서 영향을 미칩니다. 그리고 외적인 세례예식이 그렇게 필연적이지는 않다는 것은, 부모들이 그리스도의 의식을 경멸하거나 소홀히 하지 않는 한, 세례예식이 없으므로 유아가 형벌을 받을 위험이 있다거나, 그 부모들이 정죄되는 것을 의미하는 것이 아니"[라는 것]이다.

이러한 지도나 이와 유사한 지도에 있어서, 목사는 세례의 교리에 대한 무지나 오류가 있는 경우, 그리고 사람들의 건덕(edification)을 위하여 필요한 경우에 자신의 자유와 경건한 지혜를 사용하여야 한다.

목사는 또한 참석한 모든 사람에게 다음과 같이 권고하도록(to admonish) 한다.

"[각자] 자신들의 세례를 되돌아보고, 하나님과 더불어서 맺은 자신들의 언약을 어긴 그들의 죄를 회개하며, 자신들의 믿음을 일깨우고, 세례와 그로 인하여 하나님과 그들의 영혼 사이에 맺어진 언약을 증진하고 올바르게 활용하여야 합니다."

[또한,] 목사는 [세례를 받는 자녀의] 부모에게 다음과 같이 권고하여야 한다.

"여러분[세례받는 자녀의 부모]과 여러분의 자녀에게 베푸신 하나님의 크신 자비를 생각하고, 여러분의 자녀를 기독교 신앙에 근거한 지식으로 양육하시기를 바랍니다. "그리고 주님의 양육(the nurture)과 교훈(admonition) 가운데서, 또한, 만일에 여러분이 [그러한 의무에] 부주의하면 하나님의 진노가 여러분 자신과 여러분의 아이에게 닥칠 위험성이 있음을 여러분에게 [분명하게] 공지하는 바입니다. [그런즉] 여러분의 의무를 이행하기 위하여 엄숙히 약속하시기를 요구합니다."

이렇게 한 이후에는, 물을 이러한 영적인 용도에 맞도록 거룩하게 하기 위한 제정의 말씀(the word of institution)과 더불어서 기도를 하여야 한다. 그런즉 목사는 다음과 같은 내용이나 이와 유사한 내용으로 기도하도록 한다.

"우리를 약속의 언약이 없는 낯선 사람처럼 내버려 두지 아니
하시고, 주님의 의식의 특권으로 부르신 주께서, 이 시간에 주
님의 세례 의식을 은혜로 거룩하게 하시고 축복하여 주시기를
간구하는 바입니다. 주께서는 주님의 영으로서의 내적인 세례
가 물로서의 외적인 세례와 결합되도록 하실 것입니다. 이 세
례를 유아에게 입양, 죄 사함, 거듭남, 영생, 그리고 은혜 언약
의 다른 모든 약속에 대한 인침(a seal)으로 삼으시옵소서. [아울러
세] 이 아이가 그리스도의 죽음과 부활의 형상을 본받도록 하시
옵시고, 그리하여 그의 죄의 몸이 멸하여져서 일생토록 새 생
명으로 하나님을 섬길 수 있게 되기를 바라나이다."

다음으로 목사는 아이의 이름을 물어보아야 하는데, 이름을 말
하면 목사는 (아이의 이름을 부르며) 이렇게 말하여야 한다.

"나는 성부와 성자, 그리고 성령의 이름으로 너에게 세례를 주
노라."

목사는 이러한 말씀을 선포하면서 그 아이에게 물로 세례를 주
어야 한다. 세례의 방법과 관련해서는 합법적일 뿐만 아니라 충분
하고 또한, 가장 편리한 것으로서, 아이의 얼굴에 물을 붓거나 뿌
리는 것으로 행하여야 하는데, [여기에] 다른 어떠한 의식을 덧붙이

지 말아야 한다.

이렇게 행한 후에 목사는 다음과 같은 목적이나 비슷한 목적을 위하여 [다음과 같이] 감사하며 기도해야 한다.

"주께서는 언약과 자비를 지키심에 있어서 참되고 신실하심을 모든 감사함과 더불어 인정하나이다. 주께서는 우리를 성도 가운데 하나로 여겨 주실 뿐만 아니라, 그리스도 안에서 우리 자녀들에게 이처럼 각별한 그의 사랑의 표시(token)와 표식(badge)을 기꺼이 베푸시는 선하시고 은혜로우신 분이십니다. 주께서는 주님의 진리와 특별한 섭리로써, 매일 어떠한 사람들을 주님의 교회의 품으로 이끄시어 주님의 사랑하는 아들의 피로 사신 헤아릴 수 없는 은혜에 참여하게 하시고, 주님의 교회가 지속되고 증가하도록 하시나이다.

또한, 주님께서 계속하여 이 말할 수 없는 은혜를 매일매일 더욱더 확증해 주시기를 기도하나이다. 주께서는 이제 세례를 받고 믿음의 가정으로 엄숙히 들어간 아이(infant)를 주님의 아버지로서의 사랑으로 가르치고 보호하시며, 주님의 백성에게 베푸시는 은총으로써 이 아이를 기억하여 주시옵소서. 만일에 이 아이가 유아기에 이 세상을 떠나게 된다면, 자비가 풍성하신 주님께서 아이를 기꺼이 영광 가운데로 영접하여 주시옵소서. 그리고 만일에 이 아이가 살아서 분별력을 가질 수 있는 나이에까지 도달한다면, 주께서는 주님의 말씀과 영으로 그를 가르치시고, 주님의 세례가 그에게 효력을 갖도록 하시며, 우리 주 예수 그리스도를 통하여서 주님의 신성한 능력과 은혜로 그를 붙잡아주시어서, 믿음으로 마귀와 세상과 육체를 이길 수 있게 하시고, 마지막에 이르러서는 최종적이고 온전한 승리를 얻으며, 믿음으로 말미암아 주님의 능력으로 구원에 이르기까지 지켜 주시옵소서.”

간단한 해설: 세례에 관한 웨스트민스터 예배모범의 시작 문구는 “세례는 불필요하게 미루어져서는 안 된다”는 것입니다. 이는 1618년 8월 25일에 처음 법정과 주교들이 확정하고 스코틀랜드 제임스 1세의 왕명으로 스코틀랜드 교회와 잉글랜드 국교회를 합치시키기 위하여 출판한 ‘퍼스의 5개 조항(Five Articles of Perth)’에서 사적으로 병자에게 성례를 집행할 의무, 필요에 따라 사적으로 세례를 집례하는 것을 허용하고, 이미 세례받은 어린아이들을 주교에게 데리고 가서 견신례(Confirmation)와 주교의 축복을 받게 할 것 등을 강요한 것에 대한 공식적인 반대의 문구입니다. 즉, 로마 가톨릭교회의 신앙과 실천에 대한 반대의 문구인 것입니다. 또한, 이는 더욱 근원적으로 재세례주의(Anabaptism)의 세례에 대한 이해를 반박하는 것으로서, 아무런 자신의 의지가 없던 아기 때 받은 세례는 의미가 없으며 자신의 의지로 신앙을 확고하게 받아들이겠다는 결단이 섰을 때 세례를 주어야 한다는 주장을 거절하고 있는 것입니다. 재세례주의의 유아세례에 대한 반대는 사실, 환경이나

다른 이의 강요 혹은 국가의 법률에 따른 신앙의 강제가 아니라 순수하게 자신의 결단으로 믿는 신앙만이 올바르다고 보았습니다. 그리고 이후로도 자신의 의지로 신앙을 가지고서 예수의 가르침을 실천해야 한다고 보았지요. 웨스트민스터 예배모범은 기본적으로 성인에 대한 세례가 아니라 유아에 대한 세례를 기술하고 있는데, 그것은 세례의 본질적인 성격이 신자의 믿음 이전에 하나님의 택하심이라

스코틀랜드와 잉글랜드, 그리고 아일랜드의 통합 왕이었던 제임스 1세(James I, 1566-1625)는 「참된 법률」이라는 책에서 왕권신수설(Divine right of kings)을 통하여 국왕은 특권으로 새로운 법령을 제정할 수 있다고 주장했다.

는 것을 전제하는 의미를 담고 있습니다. 인간적인 안목으로 볼 때 세례는 믿기로 결단하는 자신의 선택에 바탕을 두고 있는 것처럼 보이겠지만, 더욱 근원적인 세례의 원인은 하나님의 택하심 가운데에 있는 것이지요. 그러므로 심지어 세례예식 자체가 구원에 있어 본질적인 증표이거나 필연적인 것은 아닙니다. 하지만 안타깝게도 이러한 '조건적이지 않은 선택(Unconditional Election)의 교리'가 현대의 신앙에서는 거의 숙지되어 있지 않은 실정입니다. 예컨대 믿음에 있어서의 인간의 결단과 예수 그리스도를 따르는 헌신의 실천으로서의 제자도를 강조하는 재세례주의적 신앙을 흔하게 접할 수가 있는 것입니다. 하나님의 주권적인 선택과 작정에 관한 교리(예정(predestinate)의 교리)보다는, 믿음에 있어서의 인간의 반응과 실천이라는 주제에 더욱 편중되어 있는 것이 현대 기독교 신앙의

큰 특성입니다. 그러므로 자신의 선택과 결단으로 믿음을 갖게 되기까지 세례를 보류하는 것이 좋겠다는 생각이 더욱 신실하게 여겨지는 것이지요. 그러나 예배모범에서는 이러한 생각을 분명하게 거절하고 있습니다. 믿음(혹은 신앙)은 우리 자신의 인식이나 이해 이전에 하나님의 택하심이 기초하는 것이며, 그것이야말로 진정한 믿음의 본질이라는 것이 예배모범에 반영되어 있는 것이지요.

또한, 예배모범의 초반부 문장은 "공식적이지 않은 사람(private person)이 집례해서도 안 된다"는 것으로 시작하고 있습니다. 그리고 이는 앞서 언급한 퍼스의 5개 조항에서 강요되었던 "필요에 따라 사적으로 세례를 집례하는 것을 허용"하는 것에 대한 분명한 반대를 표명하는 것입니다. 그러나 더욱 근원적으로는 로마 가톨릭교회의 역사에서 일부 허용되었던 산파에 의한 유아세례를 허용한 사례 등을 분명하게 거절하는 맥락입니다.

한편, 예배모범에서 이처럼 잉글랜드 교회의 감독주의와 로마 가톨릭교회의 신앙 행위들을 명시적으로 반대한 이유가 있는데, 그것은 세례 등 성례에 관한 성경의 명시 외에 다른 편리를 추구할 수 없다는 것이었습니다. 현대에 이르러서는 오히려 성경에 명시적으로 언급되어있는 바에 대한 숙지가 미흡한 가운데서 오히려 다른 실용적이고 편리적인 신앙의 행위들이 급격히 개발되고 도입되는 실정이지만, 하나님의 택하심 가운데서 믿음을 보이고 그분의 백성으로 거듭난(중생) 사람으로서의 신앙과 실천은 더욱 철저히

로마 가톨릭교회의 세례반. 로마 가톨릭교회의 유아세례 예식은 세례반 앞에서 이루어지는데, 이 물을 가리켜서 서품을 받은 사제의 축성에 의하여 그 본질이 바뀐 성수(holy water)라고 부르며, 성당 입구에 세워진 성수반(a holy water font)에도 이 물이 채워진다. 그러나 웨스트민스터 예배모범은 "로마 가톨릭 시대에 부적절하고 미신적으로 놓여 있었던 세례반이 있는 곳에서 집례해서는 안 된다."고 했다.

하나님의 말씀-복음뿐 아니라 율법을 포함하는-에 머무르는 모습이어야 마땅한 것이지요. 그렇지만 오늘날의 교회 안에서는 다시 퍼스의 5개 조항이 강요했던 신앙의 태도를 스스로 답습하는 경우가 빈번하게 발생하고 있습니다. 그러므로 세례 등 성례의 집례와 참여에 있어서 성경에 근거하는 절차와 의미들을 숙지하는 신앙의 자세와 그 실천 가운데서, 하나님의 언약 백성의 모임인 교회의 모습이 이 지상에서 드러나게 되는 것이지요. 웨스트민스터 예배모범의 세례에 관한 설명과 예들은 바로 그러한 의미들을 잘 보여주고 있습니다.

이러한 웨스트민스터 예배모범의 문구들은 한국에도 상당히 유사하게 전례되었으니, 1934년에 작성된 조선예수교장로회 예배모범에서도 "세례 주는 것과 유아세례"라는 제목으로 명시하고 있는데, 그 전문을 보면 "세례는 공연히 지체하여 줄 것도 아니요 어떠한 형편을 물론하고 사사로이 줄 수가 없고 반드시 하나님의 사역자로 부름을 받은 그리스도의 목사가 줄지니라. 세례는 흔히 교회안 모든 회중에서 베풀지니라. 자기 자녀가 세례 받기를 원하는 자는 그 뜻을 목사에게 미리 고하고 그 부모 주 일 인이나 혹 두 사람이 다 그 세례 받을 어린아이를 데리고 올지니라…."고 기술하고 있습니다.

2. 주의 만찬(LORD'S SUPPER), **혹은 성찬**(THE COMMUNION)**의 예식을 거행하는 것에 관하여**: 성찬 혹은 주의 만찬은 자주 거행하여야 한다. 그러나 얼마나 자주 거행하여야 할지에 대해서는 각 교회의 목사, 그리고 다른 회중의 치리자들이 자신들에게 맡겨진 사람들의 위로(comfort)와 건덕(edification)을 위하여 가장 편리하다고 생각하는 대로 고려하여 결정할 수 있다. 그리고 성찬을 거행할 시기에 대해서, 우리는 아침 설교 이후에 행하는 것이 적절할 것이라도 판단한다.

무지한 사람이나 추문이 있는 사람(the scandalous)은 주의 만찬이라는 성례를 받는 것은 적절하지 않다.

이 성례를 자주 시행하기가 어려운 곳에서는 성례를 시행하기 이전의 안식일(the sabbath-day)에 공개적으로 알리는 것이 필수적이다. 그리고 그 때, 또는 그 주의 어떤 날에 그 의식에 관련한 내용과 그에 대한 적절한 준비 및 참여함에 관련한 내용들을 가르쳐야 하는데, 하나님께서 그러한 목적을 위하여 거룩하게 하신 모든 수단들을 공적으로나 사적으로 부지런히 사용함으로써 모든 사람들이 이 천상의 잔치(heavenly feast)에 더욱 잘 준비될 수 있기를 바라기 때문이다.

성찬을 시행할 날이 이르면, 목사는 설교와 기도를 마치고 난 이후에 다음과 같은 내용으로 짤막한 권고를 하도록 한다.

"이 성례를 통하여 우리가 얻는 헤아릴 수 없는 은혜와 더불어서, 그 목적과 용도를 표명하도록 한다. 이 순례와 [영적] 전쟁[의 여정] 가운데서 우리의 위로와 기운을 새롭게 북돋는 것이 얼마나 중요한지, 우리가 지식과 믿음과 회개와 사랑을 가지며 아울러 그리스도와 그의 은혜를 갈구하고 목마른 영혼으로 그분께 나아가는 것이 얼마나 필요한지, 그리고 [성찬의 빵과 음료를] 합당치 않게 먹고 마시는 것은 얼마나 위험한가를 설명한다.

다음으로, 목사는 그리스도의 이름 가운데서 한편으로는 무지하고(ignorant), 추문에 휩싸여 있으며(scandalous), 불경스럽거나(pro-fane) 혹은 지식이나 양심에 반하는 죄악이나 과오를 저지르며 살아가는 모든 사람들에게 이 거룩한 식탁(holy table)에 나오지 말도록 경고하여야 하는데, 이는 합당치 않게 먹고 마시는 자는 그 자기에 대한 심판을 먹고 마시는 것임을 그들에게 보여주려는 것이다. 그리고 다른 한편으로 목사는 그들의 죄의 무거움과 [하나님의] 진노에 대한 두려움을 느끼며, 은혜 가운데서 아직 도달할 수 있는 것보다도 더욱 큰 진보를 갈망하는 모든 사람들을 주님의 식탁(the Lord's table)에 나오도록 특별하게 초대하고 격려하여야 하는데, [이는 그리스도라는] 동일한 이름 가운데서, 그들의 약하고 지친 영혼에 편안함과 새롭게 됨, 그리고 강건함을 보장해 주려는 것이다."

이러한 권면(exhortation)과 주의(warning), 그리고 초대(invitation) 이후에는, 성찬 상을 단정하게 덮어두고서, 성찬에 참여하는 사람들이 식탁 주위에 질서 있게 앉거나 식탁에 앉아 있을 수 있도록 편리하게 배치시킨 다음에, 목사는 자신 앞에 놓인 빵과 포도주를 거룩하게 구별하고 축복하는 것으로서 [성찬] 예식을 시작하도록 하는데(빵은 적당하고 편리한 그릇에 담아서 목사가 떼어 성찬에 참여하는 사람들에게 나누어 줄 수 있도록 준비하도록 하고, 마찬가지로 포도주도 큰 그릇에 예비토록 한다), 먼저 간단한 말로써 [성찬의 빵과 포도주라는] 요소들(elements) 자체는 본래 평범한 것이었지만, 이제 제정의 말씀과 기도를 통하여 이 거룩한 [성찬 예식의] 용도에 맞게 구별되고 거룩하게 되었음을 보여주도록 한다.

복음서나 사도 바울이 고전 11:23-27절에서 말한바 "내가 너

희에게 전한 것은 주께 받은 것이니" 등의 제정의 말씀을 읽어 주
도록 하되, 목사가 필요하다고 생각될 때에는 이를 설명하고 적용
할 수 있다.

[목사는] 빵과 포도주에 대한 감사 혹은 축복의 기도를 이러한 취
지로써 하도록 한다.

"천사들도 우리를 구원할 수가 없었고, 하나님의 모든 자비 가
운데 가장 작은 것조차도 받을 자격이 없는 우리의 크나큰 무가
치함으로 인하여 우리의 비참함이 얼마나 큰 것인지, 이 비참함으
로부터 어떤 사람이라도 벗어날 수가 없음을 겸손하고 진실한 마
음으로 인정하나이다. 또한, 하나님께서 베푸신 모든 은혜에 감사
드리며, 특별히 우리를 구원하신 위대한 은혜, 곧 하나님 아버지
의 사랑과 하나님의 아들 주 예수 그리스도의 고난과 공로의 은혜
로 인하여 우리가 구원을 받았음에 감사드리나이다. 그리고 모든
은혜의 수단들, 말씀(the word)과 성례들(sacraments)을 위하여, 그
리고 특별히 이 성례(성찬 예식)을 위하여 기도하오니, 이 성례전을
통해서 그리스도와 그의 모든 은택들이 우리에게 적용되고 봉인
(sealed)되며, 다른 사람들에게는 허락되지 않았지만, 오래도록 모
든 은혜를 남용한 이후에도 우리에게는 큰 자비로 계속되게 하심
을 감사하나이다.

하늘 아래에 우리가 구원받을 수 있는 다른 이름은 없으며, 오직

예수 그리스도의 이름으로만 우리가 자유와 생명을 얻고 은혜의 보좌에 나아갈 수가 있으며, [또한] 그분의 식탁에서 먹고 마실 수 있고, [또한] 그분의 영으로 행복과 영생의 확신을 위하여 인치심을 받음을 고백하나이다.

모든 자비의 아버지이시며 모든 위로의 하나님께 간절히 기도하옵나니, 그분의 은혜로운 임재와 그의 영이 우리 안에서 효과적으로 역사하도록 하옵소서. 또한 빵과 포도주의 이 두 가지 요소를 거룩하게 하시고, 그분의 성례를 축복하시어 우리가 믿음으로 예수 그리스도의 몸과 피를 받을 수 있게 하시고, 우리를 위해 십자가에 못 박히신 그분을 먹으며, 그분과 하나가 되어 그분이 우리와 하나가 되고, 우리가 그분과 하나가 되게 하시옵소서. 아울러 그분이 우리 가운데 사시며, 우리가 그분 안에 살고, 우리를 사랑하시며 우리를 위하여 자신을 내어주신 그분 가운데 거하게 하시옵소서."

목사는 이 모든 일들을 그러한 신성한 행위에 걸맞은 적절한 애정으로써 수행하며, 사람들에게도 그와 같은 마음이 불러일어날 수 있도록 노력하여야 한다.

이제 말씀과 기도로써 성찬의 요소들이 거룩하게 구별되었으므로 목사는 식탁에 자리하여, 빵을 손에 들고 다음과 같이(또는 이 경우에 그리스도나 그의 사도가 사용했던 것과 비슷한 표현으로) 말하도록 한다.

116

"우리의 복되신 구세주 예수 그리스도의 거룩한 제정과 명령, 그리고 모범에 따라서, 나는 이 빵을 가져다가 감사를 드리고 떼어서 여러분에게 전하노니(이때 성찬을 전하는 목사가 빵을 떼어 성찬을 받는 사람들에게 나누어 주도록 한다), "받아 먹으라. 이것은 너희를 위하여 쪼개진 그리스도의 몸이니, 이를 행하여 그를 기념하라." [하신 것과 같은 것입니다]"

마찬가지로 목사는 잔을 들고서 다음과 같이(또는 그리스도나 사도가 동일한 경우에 사용했었던 다른 유사한 표현으로) 말하도록 한다.

"우리 주 예수 그리스도의 제정과 명령과 본보기에 따라서, 나는 이 잔을 가져다가 여러분에게 주노니(이때 그는 그것을 성찬에 참여하는 자들에게 나누어주도록 한다), 이 잔은 많은 사람의 죄를 사하기 위하여 흘리신 그리스도의 피로 세운 새 언약입니다. [이제] 다 함께 이 잔을 마시도록 합시다."

모두가 성찬을 나눈 후에 목사는 몇 마디의 말로써 그들이 [다음과 같은 것을] 생각하도록 한다.

"예수 그리스도 가운데서 이 성찬을 통하여 드러나는 하나님의 은혜에 대하여 생각하고, 이에 합당하게 행하도록 권고하는 바입니다."

[다음으로] 목사는 하나님께 엄숙하게 감사드리도록 한다.

"이 성례를 통하여서 그들에게 베풀어진 하나님의 풍성한 자비와 헤아릴 수 없는 선하심에 감사드리나이다. 또한, 예배 전체에 있어서 부족한 점에 대하여 용서하여 주시기를 간구하오며, 하나님의 선하신 성령의 은혜로운 도우심을 구하나이다. 그리하여 [성찬에 참여한 이들]이 그 은혜의 능력 가운데서 걸을 수 있게 되기를 바라오니, 구원에 대한 위대한 약속을 받은 자들로서 [지극히] 합당하게 행하도록 하시옵소서."

가난한 사람들을 위한 모금(collection)은 공적인 예배(the publick worship)에 방해가 되지 않도록 이루어져야 한다.

간단한 해설: 현대 교회의 성례에 있어서 가장 어려운 주제가 바로 성찬의 시행에 관한 것입니다. 특별히 성찬의 시행 가운데에 내포된 교제(fellowship)에 대하여 바르게 이해하고 숙지한 집례보다는 의식적인(ceremonial) 성찬의 집례가 이루어질 뿐인 경우를 쉽게 볼 수가 있는데, 이는 로마 가톨릭교회의 경우처럼 성찬을 합당하게 참여하여 받지 못하도록 하는 주요인이라 하겠습니다.

기본적으로 성찬에 대한 이해에는 세 가지 정도의 입장이 있는데, 대표적으로 로마 가톨릭교회에서 설명하는 '화체설(transsub-stantiatio, transubstantiation)' 즉, 성찬의 집례 가운데서 사제가 성찬의 빵과 음료를 하늘을 향하여 높이 들어 올려서 축성하는 순간에 그 빵과 음료에 실재적으로 예수 그리스도께서 임재하신다(Real presence)고 보는 입장이 있습니다. 성찬의 집례에 있어서 의식적이라는 말은 바로 이 화체설에 근거하는 로마 가톨릭교회의 이해에 따라 시행되는 성찬의 집례를 일컫는 것인데, 그러한 의식은 기본적으로 제사(Missa)의 성격을 지닙니다. 그런즉 예수 그리스도가 인류 구원을 위해 당신 자신을 십자가의 희생 제물로 바친 것을 기념하고 재현하는 미사의 특성을 성찬이 단적으로 함축하고 있는 것이지요. 한마디로 로마 가톨릭교회에서는 성찬에 담긴 예수 그리스도의 희생제사의 성격을 미사 안에서 의식적으로 재현하는 것입니다. 이러한 성찬에 대한 이해는 기독교 역사에서 여러 미신적인 관습들이 양산되었는데, '성체숭배(Eucharistic adoration, 미사 안에서 성체를 개방하는 의식)'와 '성체명상(meditation on the Eucharist, 미사 밖에서 행해지는 성체에 대한 명상)'과 같은 것들이 대표적이라 하겠습니다. 즉, 성당이라 불리는 로마 가톨릭교회당 안에 성막(tabernaculum, tabernacle, '감실'이라고도 부른다.)을 재현하고서 그 안에 성체를 보관하여 각종 숭배행위를 하게 된 것이지요. 마치 구약시대의 성막을 재현하는 것과 같이, 재대 뒤에 성체를 보존하고서 그 앞에 촛대를 밝힘으로써 제대 뒤에 성체가 있음을 나타내는 것입니다. 그런즉 성막의 재현이나 예배당 안에 촛불을 밝히는-혹은, 촛불을 상징하는 물품을 배치하는- 행위 등은 로마 가톨릭교회의 전통과 문화를 답습하는 것이라 하겠습니다.

성찬에 대한 두 번째 입장은 '기념설(the theology of Memorialism)'로서, 교부 시기인 3~4세기의 인물인 유세비우스(Ευσέβιος της Καισαρείας; 263?-339)는 기념설을 주장하였는데, 이후로 암브로시우스(Sanctus Ambrosius, 340?-397)는 성찬을 가리켜서 "우리 주 예수 그리스도의 몸과 피에 대한 상징"으로 설명했습니다. 로마 가톨릭교회가 성찬의 빵과 음료를 실재적

'성광(Ostensorium)'은 로마 가톨릭교회, 구 가톨릭교회, 성공회 등의 기독교에서 성체의 현시에 사용되는 전례 용구로서, 가운데 원형 공간에 성체(빵)을 보관한다.

인 예수 그리스도의 살과 피로 이해하여 숭배하는 것과 달리 성찬의 빵과 음료는 일상적이고 평범한 것이며, 다만 그것을 통해서 예수 그리스도의 최후의 만찬과 이후의 죽으심을 상징적으로 기념하는 것이라고 본 것이지요. 이러한 기념설은 종교개혁의 시대에 쯔빙글리(Ulrich Zwingli, 1484-1531)에게 계승되어, 이 성례 가운데서 하나님이 보증하신 것보다도 신자들이 서약한 것과 믿음이 더욱 중요하다고 보았습니다. 또한, 그리스도는 그분의 신성으로서, 그리고 성찬에 참여하는 신자들의 성찬에 대한 이해에 있어서 임재하신다고 보았지요. 그러나 장 칼뱅은 이러한 쯔빙글리의 성찬에 대한 설명을 반대하여 이르기를, 이러한 기념설이 성례 가운데 나타난 하나님의 선물을 희생시키고 오히려 신자들의 행위(혹은 믿음)를 강조한다고 비판하였습니다. 또한, 이러한 기념설은 성찬 가운데서 그리스도의 몸을 먹는 것을 그리스도의 이름을 믿는 것과 그

의 죽으심을 의지하는 것에 지나지 않는 것으로 볼 뿐이라고 했습니다. 성경에 기록한바 성찬의 의미와 유익을 일부 제한하거나 왜곡하게 된다는 것이지요. 이러한 기념설은 재세례파에 의해 그리스도의 실재적 임재의 개념을 믿지 않으며, 성찬례는 단지 그리스도의 죽음을 기념하는 의식적인 예식일 뿐이라고 믿음으로써 화체설이나 마틴 루터의 공제설(Consubstantiation), 그리고 칼뱅의 영적인 임재 등과 정반대의 형태로 전수되었습니다.

성찬에 대한 세 번째 이해는, 칼뱅(Jean Calvin, 1509-1564)을 통해 견지된 '영적 임재(a spiritual presence)'의 이해입니다. 이는 장 칼뱅을 비롯한 다수의 개혁파 신학자들과 장로교회에서 이해하는 성찬에 관한 설명으로, 성찬에 그리스도께서 육체적으로(로마 가톨릭교회의 화체설)나 장소적으로(마르틴 루터의 '공제설'-그리스도의 육체적인 살과 피가 성찬 예식이 이루어지는 당시에 빵과 포도주 안에, 그리고 그 아래에, 또한 그것들과 함께 전인격적이고 신비스러우며 기적적인 방식으로 임재한다는 설명) 임재하는 것이 아니라 성령을 매개로 하는 영적인 방식으로써 실질적이고도 전인적인 방식으로 임재한다는 설명입니다. 한마디로 성찬의 빵과 음료 가운데서 실질적으로 신자들과 구주 예수 그리스도 사이의 전인격적이고도 신비적인 연합과 친교가 이루어진다는 것이지요. 무엇보다도 칼뱅은 성찬이 초림 때에 죽으신 것만이 아니라 현재 영광 가운데 계시는 영적인 사역과 관계가 있다고 했습니다. 그리스도께서 제정하신 성찬을 통해서 참된 믿음을 지닌 신자들은 하늘에 오르신 그리스도와 실질적인 교제(communion) 가운데 있게 되

예수께서 보여주신 성찬은, 그분과의 실질적인 교제(communion)와 더불어서 성도들 사이의 교제를 시각적으로 보여주는 것이다.

는 것이지요.

이러한 성찬의 설명들 가운데서 우리는 천상의 비가시적인 교회가 이 지상에 가시적으로 구현되는 중요한 방식을 생각해 볼 수가 있습니다. 즉, 성찬에 영적으로 임재하신 그리스도와 연합하고 교제하는 것이 어떻게 가시적으로 구현되는지를 생각하여 볼 수가 있는 것입니다. 그리고 이를 통해서 이 지상의 교회에 속한 신자들이 또한, 천상의 교회에도 속하여 있음을 은혜(구원의 확신을 점점 더 증가시키는 은혜) 가운데서 확신하게 되는 것이지요.

그렇다면 영적 임재를 바탕으로 하는 성찬의 이해는 구체적으로 어떻게 이 지상의 가시적인 교회에서 구현되는 것일까요? 의식을 통하여 작용하는 것이 아니라 성찬에 참여하는 자의 믿음과 그러한 믿음에서 나오는 합당한 행실의 구체적인 모습은 어떠한 것이겠는가 말입니다. 이에 대한 가장 기초적인 성경의 본문은 고전 11:28-29절에 기록한바 "사람이 자기를 살피고 그 후에야 이 떡(빵)을 먹고 이 잔을 마실지니, 주의 몸을 분별하지 못하고 먹고 마시는 자는 자기의 죄를 먹고 마시는 것이니라."는 말씀일 것입니다. 바로 이 말씀에 근거하여서 성찬에 참여할 자격이 있는 자와 성찬에 참여해서는 안 될 자를 구별할 수가 있는데*, "자기를 살피고 그 후에야 이 떡을 먹고 이 잔을 마실" 수가 있다는 것은 자신의 믿음과 행실에 대하여 스스로 살필 수 있어야 한다는 말입니다. 그리고 "주의 몸을 분별" 한다는 것은, 성찬에 사용되는 빵과 포도주가 어떻게 그리스도의 살(몸)과 피를 영적으로 나타내는 것인지를 인식하고 이해할 수 있어야 한다는 말입니다. 그러므로 개혁교회 혹은 장로교회 가운데서는 유아세례를 받은 자녀들이라도, 스스로를 살펴보고 성찬의 빵과 포도주가 어떤 의미를 내포하는 지를 인식하고 이해할 수 있는 나이가 되었을 때에야 성찬에 참여할 수 있도록 하는 것입니다. 아울러서 성찬이 시행되기 이전에 교회의 장로들은 자신이 맡은 성도들과 가정을 돌아보며 성찬에 참여하기에 합당한 믿음과 행실 가운데 있는지를 점검하고 확인하는

심방(visitation)을 시행하는 것이지요.

무엇보다도 성찬의 합당한 시행은 권징의 한 방편인 '수찬 정지(suspension of communion)'와 긴밀하게 연결되어 있습니다. 만일에 어떤 사람이 성경에 기록한바 예수 그리스도에 대한 믿음에서 멀리 떠나 있든지, 그리스도의 지체인 성도들과의 교제에서 멀리 떠나 있는 것이 공적으로 확인된다면, 그는 그리스도와의 교통의 방편인 성찬에 참여할 수 없도록 하며, 아울러서 성도들과의 교제에 대해서도 일시적으로 격리시키는 권징을 시행함으로써 고린도전서 11장(17-34절)에서 사도 바울이 권면하는바 성찬의 바른 모범을 교회가 따르는 것을 보여주게 되는 것이지요. 그런즉 이 지상에 있는 교회를 분간하는 세 가지의 표지인 말씀과 성례, 그리고 권징은 아주 유기적이면서도 긴밀하게 연계되어 있음을 알 수가 있습니다. 그러므로 하나님의 택하심에 따라 구원을 얻은 신자들은, 태초에 아담이 범했던 원죄인 하나님의 말씀에 대하여 거역하고 자신의 안목과 판단을 따라서 행하려고 하는 타락한 본성을 거슬러서 다시 하나님의 말씀에 주목하고 하나님의 말씀에 따라 예배하려는 태도를 보이게 되는데, 그러한 태도로 모인 회중 가운데서 비로소 하나님의 택하심 가운데 있는 교회의 모습이 이 지상에 가시적으로 드러나게 되는 것입니다. 성례(특히 성찬)가 "보이는 말씀(visible word)"이라 불리기도 하는 것은, 그 실행이 성경에 부합하는 정도에 따라서 말씀의 의미와 뜻을 더욱 분명하게 바라볼 수가 있기 때문이지요.

마 26:26절은 예수께서는 그의 제자들 앞에서 "떡(빵)을 가지사 축복하시고 떼어 제자들에게 주셨"다고 했고, 고전 11:23-26절에서 사도 바울은 이러한 예수님의 본을 그대로 따라서 성찬을 집례한 것을 볼 수가 있다.

고전 11:26절에서 사도는 성찬의 빵과 잔에 대하여 "너희가 이 떡을 먹으며 이 잔을 마실 때마다 주의 죽으심을 오실 때까지 전하는 것이니라."고 했습니다. 그런즉 그리스도의 교회 안에서 성경이 제시하는 원형을 따라 실행하는 성찬을 통하여 그리스도의 희생과 이를 명백히 기념(혹은 기억)하는 교회의 모습을 드러내게 되는 것이요, 이것이 바로 교회가 그 빛을 발하는 실재적인 예시인 것이지요. 교회의 운영이 최대한 하나님의 말씀인 성경이 제시하는 바와 명하는 바를 따라서 이루어질 때 교회는 이 지상에서 아주 분명하게 그 모습을 드러내며 그 빛을 발하게 되는 것이니, 이것은 또한 진정한 의미에서의 전도와 선교의 본모습이라 하겠습니다. 교회가 그 본질을 가시적으로 드러냄으로써, 이 세상은 진정한 그리스도의 빛과 은혜의 풍성함을 바라볼 수가 있으니 말입니다.

5.
"권징"이라는 표지는
어떻게 교회를 나타내 보이는가?

예수께서는 누구에게 교회를 맡기셨는가?

이 지상의 개별적인 교회들은 각각 독립적으로 서 있는 교회로서가 아니라 하나로 통합되어 있는 유기체-그리스도의 몸이자 지체-로서 존재하는데, 그처럼 하나인 가시적이며 유기적인 개별적 교회를 가리켜서 '공동의 교회(ἐκκλησια καθολικη)' 혹은 '보편적 교회'라 칭한다고 했습니다. 그리고 이는 단순히 노회(Presbytery) 혹은 총회(General Assembly)와 같은 교회 기구만을 의미하는 것이 아니라 전 세계와 모든 인류의 역사 가운데 있었거나(과거), 혹은 있으며(현재), 또한 있을(미래) 교회를 말합니다. 그런즉 지상에 있는 개별적인 교회들은 각각 독립적인 체제로서만 운영되는 것이 아니라 하나의 공통적인 교회의 운영체제로서 운영되어야 하는데, 이 지상에 사람으로 태어나신 예수께서는 자신의 몸을 이루는 교회들을 각각 홀로, 또한 신자들 모두에 의하여 운영되도록 하신 것이 아니라 교회의 운영을 담당하는 "교회 직원들(Church Officers)"에 의하여 운영되도록 하셨습니다. 공적인 예배의 말씀 사역자와 회중들에 의하여 구현되는 "순수한 복음의 교리"와 "(규정적 원리에 따른) 성례의 시행"뿐만 아니라 교회 직원들의 "열쇠권(The power of the Keys)"에 의하여, 그러한 표지들을 더욱 순수하게 확립하거나 유지할 수가 있도록 하신 것입니다. 그러므로 장 칼뱅은 그의 기독교 강요 4권에서 언급하기를, "하나님만이 교회를 지배하시며, 교회 안에서 권위 또는 우월한 지위를 가지셔야 한다. 그리고 이 권위는 하나님의 말씀에 의해서만 행사된다. 그러나 그는 눈에 보이게 우리 가운데 계시는 것이 아니므로, 우리는 그가 사람들의 봉사를 사용하셔서 자신의 뜻을 우리에게 말로써 분명하게 선포하신다고 말씀하셨다."고 했습니다. 한마디로 주 예수 그리스도께서는 그분의 제자들인 사도들을 통하여 복음 가운데 세워진 교회의 체제를 확립하도록 하셨던 것처럼, 동일한 맥락으로 교회를 보존하고 유지하는 직분들-목사, 장로, 집사의 직분-을 세우도록 하심으로써 이 지상에 그분의 교회가 눈에 보이게 운영하도록 하셨던 것입니다.

● 딤전 5:17절에서 사도는 어떠한 자들을 "배나 존경할 자로 알"라고 했습니까?[32]

● 히 13:17절에서 사도는 어떠한 자들에게 "순종하고 복종하라"고 했습니까?[33]

예수께서 베드로에게 열쇠권을 넘겨주셨을 때, 그것은 신적인 권세나 교회의 치리회가 지니는 권한을 베드로를 비롯한 사도들에게 주신 것이다. 즉, 교회는 모든 회중에 의해서가 아니라 소수의 교회 직원들 (장로와 집사들)에 의하여 운영되도록 하신 것이다.

● 딤전 3:12절에서, "한 아내의 남편이 되어 자녀와 자기 집을 잘 다스리는 자"

여야만 하는 자들은 누구입니까?[34]

구약 시대이든 신약 시대이든, 하나님의 백성들로 모인 교회는 항상 소수의 직원들(제사장, 선지자, 사도, 장로들, 집사들)에 의하여 운영되었는데, 특별히 딤전 5:17절에서 언급한바 "말씀과 가르침에 수고하는 이들"인 목사(가르치는 장로)와 같은 자들에게는 더욱더 하나님의 말씀에 대한 철저한 충성이 요구되었습니다(고전 4:1-2절을 참조하라). 교회에서 말씀을 다루는 직분인 목사는 누구보다도 모범적으로 말씀에 순종하고 말씀에 따르는 자여야만 하는 것이지요. 그런즉 주 예수 그리스도의 몸된 교회는, 하나님의 말씀대로 잘 순종하며 회중을 잘 다스리는 직원들(목사와 장로), 그리고 그러한 직원들에 대한 순종을 통하여 하나님의 말씀에 순종할 줄 아는 본보기를 배우고 따르는 회중으로 이뤄진 유기적인 조직체를 이루는 것이라 하겠습니다. 예컨대 웨스트민스터 신앙고백(1647)은 제30장에서 "교회 견책(Church Censures)"에 관하여 다루고 있는데, 1항에서 고백하기를 "주 예수께서는 그의 교회의 왕이자 수장으로서, 국가 통치자(the Civil Magistrate)로부터 구별된 교회 직원들의 손에 한 정치기구(a Government. 즉, 치리기구)를 정하셨다."고 했으며, 2항에서는 "이 직원들에게 천국의 열쇠가 맡겨져 있다. 이 때문에 그들은 죄에 버려두거나, 혹은 죄를 사하는 권한을 지닌다."고 했습니다. 그

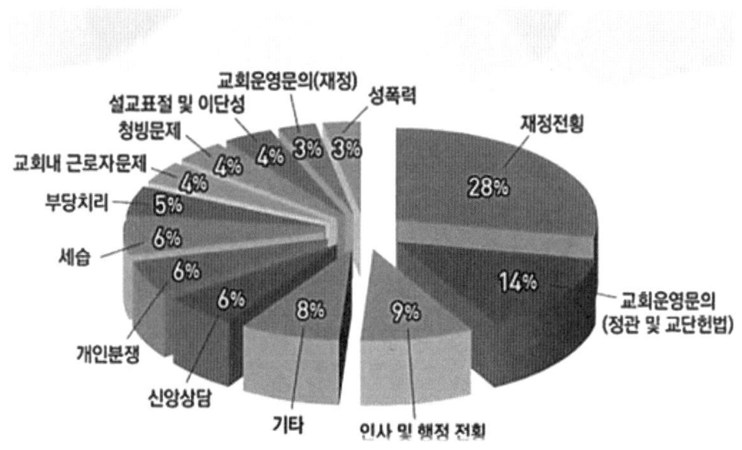

이 지상에서 교회들이 하나님의 말씀과 규례가 아니라 온갖 인간적인 욕망과 어리석음을 따라 운영되는 만큼, 교회는 이 지상에서 희미하며 보이지 않게 되는 것이다. 교회 정치와 운영의 모든 원리와 근거들이 오직 하나님의 말씀인 성경에 따라 이뤄질 때, 교회는 이 지상에서 가장 선명하고 명백하게 드러난다.

리고 이는 베드로가 예수를 그리스도로 고백한 것에 대하여, 예수께서 친히 대답하신바 마 16:18-19, 18:17-18절 등에 근거하고 있지요. 교회에서 목사와 장로들이 주 예수 그리스도의 말씀에 따라 잘 가르치고 다스리며, 회중이 이에 잘 순응하고 복종함으로써, 주님의 몸된 교회가 이 지상에 뚜렷하게 드러나 보이게 되는 것입니다. 반면에 목사와 장로들이 주님의 말씀에 순종하고 그에 따라 회중을 인도하지 못하는 가운데서 회중들도 그들에 대하여 불순종하게 되고, 그만큼 주님의 교회는 이 지상에서 종적을 감추어버리거나 희미하게 되는 것입니다.

● 마 18:18절에서 "무엇이든지 너희가 땅에서 매면 하늘에서도 매일 것이요 무엇이든지 땅에서 풀면 하늘에서도 풀리리라."는 말씀은, 그리스도께서 누구에게 하신 것입니까?[35]

사실, 교회의 중요한 가시적 표지인 '말씀'의 올바른 선포와 가르침, 그리고 그리스도께서 제정하시고 기록하여 계승하도록 하신 대로 시행하는 '성례'(세례와 성찬)와 더불어서, 하나님의 말씀에 순종하며 회중을 인도하는 교회의 직원들을 통하여 이루어지는 다스림에 순종하도록 하는 '권징(discipline)' 혹은 '치리'의 합당한-즉, 성경에 충실한- 시행은, 이 지상에서 교회가 세워진 것을 드러내는 표지 가운데 하나입니다. 아울러 참된 교회를 나타내 보이는 교회의 표지들은 모두 하나님의 말씀에 대한 순종의 맥락을 가시적으로 드러내는 것이니, 구약성경 창세기 3장에서의 불순종-하나님의 금지명령에 대한 불순종-으로 말미암아 발생한 모든 죄와 불법적인 행실들을 거스르는 하나님의 백성들과 자녀 된 자들만의 특징인 것입니다. 마치 자녀들이 부모님의 말씀에 잘 따르고 순종하듯이, 하나님의 택하심 가운데 그분의 백성이 된 신자들은 그분의 말씀과 율법에 순종하기를 힘쓰게 마련인 것이지요. 그러므로 교회의 직원들에 의하여 이뤄지는 권징은, 직원들 자신의 권위나 권한에 대하여서가 아니라 주 예수 그리스도와 하나님의 말씀과 명령에 순종하도록 하는 맥락으로서 이뤄지는 것입니다. 그리고 이로써 하나님의 말씀을 거스르던 백성들-예컨대 광야의 백성들-이, 다시금 하나님의 말씀과 명령에 순종하는 백성들로서 이 지상에 교회를 나타내 보이는 중요한 표지를 구현하게 되는 것입니다. 이러한 의미로서의 순종이 없이는, 이 지상에 주님의 교회가 나타나 있다고 말할 수 없는 것이지요.

● 딛 2:8절의 "이는 대적하는 자로 하여금 부끄러워 우리를 악하다 할 것이 없게 하려 함이라"는 말씀으로 볼 때에, 2:1절에서 디도에게 "오직 너는 바른 교훈에 합당한 것을 말하"라고 한 것에 어떠한 교훈이 내포되어 있겠습니까?[36]

로마 가톨릭교회에 있어서 참된 가시적 교회는 '듣는 교회(ecclesia discens, 혹은 ecclesia audiens)'인 회중이 아니라 '가르치는 교회(ecclesia docens)'인 사제들로 이뤄진 교회라고 앞에서 언급한 바 있습니다. 바로 이러한 구분을 배경으로 하여 자연스럽게 형성된 위계 구조(hierarchy)를 바탕으로 형성된 것이 '교권주의(clericalism)'인데, 그러한 교권주의에 대한 순종은, 하나님의 말씀과 명령에 대한 순종이라기보다는 교권 자체

교회의 직원들에게 순종하는 회중의 모습은, 삼상 15:22절에서 사무엘이 사울에게 말한 "순종이 제사보다 낫"다는 말씀대로 순종하는 회중으로서의 모습이다.

의 권위에 대한 순종입니다. 겉으로는 하나님의 말씀에 근거한다고 말하지만, 사실은 사제의 권위의식에 바탕을 둔 무조건적 복종을 요구하는 것이나 마찬가지이지요. 그리고 이러한 교권주의가 프로테스탄트 교회들에서도 자연스럽게 답습되어서, 목회자나 장로들에 대한 무조건적 복종을 요구하는 것으로 드러나곤 합니다. 심지어 전혀 성경에 근거하지 않은 지극히 인간적인 권위주의와 요구에까지 아무런 문제의식 없이 무조건으로 굴종하는 예도 흔히 볼 수가 있지요.

하지만 딛 1:9절에서 사도 바울은 "하나님의 청지기(οἰκονόμος)"인 "감독(ἐπίσκοπον)"들에게 이르기를 "미쁜 말씀의 가르침을 그대로 지켜야 하리"라고 하면서, "이는 능히 바른 교훈으로 책망하게 하려 함이라."고 했습니다. 그런즉 바른 말씀의 교훈으로 가르치

고, 때로는 권면하거나 책망하는 사역자들의 권세(혹은 권위)는 교권주의와 같이 절대적이고 강제적인 권력이 아니라 하나님의 말씀의 권위에 의해서 비로소 확보되는 것이라 하겠습니다. 목회자 자신이 하나님의 말씀이 지닌 권위와 능력을 스스로 드러내 보이지 못한다면, 당연하게 회중에게서 참된 순종을 기대할 수 없이 다만 억지로 이끄는 결과를 만들고 마는 것이지요. 그러므로 박윤선 목사는 그의 헌법 주석에서 치리권에 관하여 이르기를, "교회의 치리권이 어디까지나 사역적, 혹은 수종적이니만큼 자율적-사역자 스스로 자유롭게 행사하는 것-이 아니고 하나님의 말씀을 전달하는(declarative) 성질에 불과하다"고 하면서, "그러므로 치리하는 일에 수종드는 자는 온유 겸손하게 사역해야 된다."고 언급했습니다. 그렇게 하여 '가르치는 교회'만이 아니라 '듣는 교회'인 회중들까지 모두가 (사역자의 모범과 회중의 순종으로서) 하나님의 말씀대로 순종하는 교회를 이 지상에 드러내 보이게 되는 것이지요.

● 고후 4:5절은 사도들의 수종적인(ministerial) 직무에 관하여 어떻게 기록하고 있습니까?[37]

● 딤전 3:1-13절은 어떠한 교회 직원의 자격을 언급하고 있습니까?[38]

● 딛 1:7절에서 사도는 "감독"(ἐπίσκοπος)을 어떠한 사람이라고 말했습니까?[39]

● 성경에 충실한 사역자의 실재적인 모범과 그러한 사역자의 권징에 대하여 순종한 사례가 있는지, 함께 나누어 보도록 합시다.

　지금까지 살펴본 바에서 알 수가 있듯이 참된 교회의 표지는 공통적으로 하나님의 말씀인 성경의 진리와 긴밀하게 연계되어 있습니다. 마치 창세기 3장에서 인류의 조상인 아담이 범한 죄가 자신의 안목과 생각에 따라 하나님의 말씀을 거스르는 것이었던 것처럼, 이후로 모든 인류는 항상 하나님의 말씀이 아니라 자신의 안목과 생각에 따라 "제 고집대로" 행하는 자들이라는 공통점을 지니지요. 그러므로 이러한 죄악된 본성으로부터 거듭난 신자들의 모임인 교회에서 집례하는 '성례'는 하나님의 말씀인 성경의 진리를 선포하며 가르치는 사역과 별개로 수행될 수가 없으며-반면에 로마 가톨릭교회에서는 말씀과 성례의 분리가 용인된다-, 항상 말씀과 함께(cum verbo) 수행되어야 하는 것입니다. 마찬가지로 '권징'의 표지 또한 하나님의 말씀과 별도로 성립할 수 없습니다. 권징과 관련된 교회의 질서와 법규들은, 교회로 모인 사람들이 임의로 정하는 것이 아니라 하나님의 말씀인 성경의 규정과 가르침을 따라서 정한 것이지요. 그러므로 웨스트민스터 총회 당시에 잉글랜드의 장로교회 목사들에 의하여 작성된 '유스 디비눔(Jus Divinum

Regiminis Ecclesiastici)'이라는 문서의 서문에 이르기를, "장로교회 정치는 본질적으로 인간의 창작물이 아니라 그리스도의 규례다. 그리고 장로교회 정치는 인간의 뜻에 기초한 선언으로써 집행되는 것이 아니라 오직 예언의 말씀, 곧 거룩한 성경에 기초한 선언으로만 집행된다."고 했습니다. 그런즉 거룩한 성경에 기초한 교회 정치로서의 권징을 시행하는 사역자와 치리회-지교회의 당회와 더불어서 지역의 노회(presbytery)-, 그리고 그러한 성경적 기초의 교회 정치로서 시행되는 '권징(discipline)'에 순응하는 회중의 모습은, 이 지상에 하나님의 참된 교회가 구현되어 있음을 나타내 보이는 중요한 표지의 한 부분인 것입니다.

그러나 안타깝게도 한국의 장로교회는 다른 어떠한 표지들보다도 '권징' 혹은 '치리'라고 하는 표지에 있어서 심각하게 흐려져 있습니다. 특별히 장로교회의 치리회 가운데서조차 교회정치와 권징이 성경적으로 행해지는 경우가 극히 드문 실정이지요. 그러므로 개별 교회에서 성도들이나 직분자들과 관련한 분쟁이 발생하거나 하나님의 말씀을 거스르는 죄를 범하는 자들, 심지어 윤리적으로나 실정법상으로도 범죄에 해당하는 죄를 범하고서도 아무런 공적인 권면이나 교회적 권징을 받지 않는 경우들이 비일비재한 실정입니다. 그리하여 우리 사회에 수많은 교회들이 세워져 있음에도 불구하고 사회적인 감화력이나 영향력이 미비하며 오히려 사회적인 지탄의 대상이 된 지경에 이르렀고, 심지어 자신 신앙과 종교를 기독교로 인정하면서도 교회의 회원이 되는 것을 꺼리며 회

피하는 신자들이 갈수록 증가하는 추세임을 부인할 수 없는 지경
이지요. 한마디로 교회들 가운데 하나님의 율법에 따라 행하려는
자세는 거의 사라지고, 무법천지나 마찬가지인 경우들이 너무나
흔하게 되어버렸습니다.

● 딤전 5:17절에서 언급하는 "다스리는($\pi\rho o \ddot{\iota} \sigma \tau \eta \mu \iota$)"이라는 말의 헬라어 의미
를 AI 등으로 검색해 보십시오.

● 교회에서 일반적으로 '장로'라 칭하는 직분의 영어 명칭은 무엇입니까?[40]

　구약 시대뿐만 아니라 신약 시대에도 하나님의 백성들 가운데에
는 '장로'라는 직분자가 있어서, 회중을 돌아보고 다스리는 역할
을 수행했습니다. 그리고 그들은 인간적인 발상으로 고안해낸 직
분이 아니라 하나님의 제정하심으로 말미암아 세워진 직분이었습
니다. 즉, 회중을 돌아보고(심방) 다스리되(권면하거나 권징하는 것), 가장
먼저 자기가 앞장서서 성도들에게 모범을 보임으로써 따라 행하
도록 하는 지도자의 직무를 수행하게 하신 것입니다. 그런즉 교회
에서 다스림의 실천으로 수행되는 '권징(discipline)'은, 잘못을 범하
는 자들을 벌하는 것에 앞서서 잘못을 범하지 않도록 권면하며 지
도하는 데에 주안점이 있습니다. 한마디로 장로들의 다스림으로

서의 '권징'이란, 주 예수 그리스도께
서 가르치시고 명하신 바를 앞장서서
수종하는(ministry) 직무로써 수행하는
것입니다.

그런데 예배에서 이뤄지는 복음의
설교와 가르침, 그리고 하나님의 말
씀에 부합하는 성례의 시행과 더불어
서 권징의 시행에 있어서도 공통적으

장로교회 정치의 신적 기원에 관한 책
「유스 디비눔」이 한국어로 번역되어 출
판되었다.

로 적용되는 신앙의 원리가 있는데, 그것은 바로 '규정적 원리(the
regulative principle)'입니다. 창세기 3장으로부터 분명하게 드러나는
사람의 타락과 부패의 양상인 '하나님의 말씀 외에, 우리 자신의
안목과 정욕을 앞세우는 습성'을 버리고서 하나님의 말씀과 명령
에 전적으로 머무르려는 규정적 원리에 따라 운영되는 교회의 실
재적인 모습이 바로 '권징'의 진정한 의미인 것입니다. 개혁된 교
회로서의 장로교회를 가리켜서 '프로테스탄트(protestant)'라 칭하
는 데에는, 주 예수 그리스도의 말씀과 가르침에 근거하여 세워
졌던 초대 교회의 순수한 원형을 파괴하고 변질시켜버린 로마 가
톨릭교회의 예배와 교회의 운영 혹은 다스림의 질서들을 개혁하
고자 항거했던 순전한 신앙으로서의 신실함과 충성됨이 담겨있
는 것이지요.

하지만 우리 시대의 교회라 칭하는 회중들 가운데서 모범적인

137

다스림과 그에 대한 순종의 자태를 과연 얼마나 찾아볼 수가 있을까요? 성경에 근거하는 규정적 원리에 따라 이뤄지는 권징 자체가 거의 사라져버리고, 교회 안에서의 분란조차도 곧장 법정(사회 법정)으로 끌고 가버리는 것이 현실이지 않습니까? 고전 6:6절에 기록한바 "형제가 형제와 더불어 고발할뿐더러 믿지 아니하는 자들 앞에서 하느냐"며 교회 안에서 일어난 송사를 사회 법정으로 끌고 가지 말도록 한 권면에도 불구하고, 오늘날 현실에서는 오히려 교회의 공적인 권징이 거의 사라져 버린 실정이 아닌가 말입니다. 그렇게 해서는 이 지상에 교회가 세워져 있음을 나타내 보일 수가 없는 것인데도 말입니다.

● 성경에서 볼 수 있는 교회 직분들과 지금 우리 주변의 현실 교회에서 볼 수 있는 직분들 사이의 차이점을 '규정적 원리'에 따라서 대조하여 보십시오.

사실, 이 지상에 있는 가시적인 교회의 표지 가운데 하나인 '권징'이란, 단순히 죄에 대한 권면과 징계의 의미만을 지칭하는 것이 아닙니다. 오히려 교회의 공적인 다스림 즉, 교회 정치(Church politics)를 포함하는 것이지요. 또한, 교회 정치는 그 방식에 있어서 성경의 규정한 바와 가르침에 근거하여 'Church Government' 곧, 행정부 형태의 치리회(consistory)를 구성하여 수행되는 것입니다. 그러므로 개별 교회들의 '당회'나 '노회', 그리고 '대회'나 '총회'

등의 치리회는 필연적으로 성경의 규정과 가르침에 따라서 운영되어야만 하는 것이지요. 마치 국가의 행정부가 법령과 시행령에 따라 운영되어야만 하는 것과 마찬가지로, 더욱더 교회의 정부인 치리회 또한 하나님의 법(율법과 복음의 규정과 원리)에 따라 운영되어야만 하는 것입니다. 바로 이러한 이유로 로마 가톨릭교회가 교회 정치의 권위와 권세를 사제(교회의 직원)들에게 직접적으로 부여-소위 교황수위권(Primatus Romani Pontificis)에 의하여- 하는 것과 달리 프로테스탄트 교회에서는 치리회(회의체)에 부여하는 것이며, 더욱이 그러한 권위와 권리의 최종적인 근거를 오직 성경에만 두는 것-이것은 결코 율법주의(Legalism 또는 nomism)가 아니다. 율법주의란, 순전하고 유일한 마음으로 하나님의 말씀대로 순종하는 것이 아니라 인간 자신의 의를 위하여 하나님의 말씀에 대하여 순종하는 형태를 흉내내는 것일 뿐이다- 입니다. 그런즉 하나님의 말씀인 성경에서 규정한 바를 따르려는 '규정적 원리'는 단지 예배에 대해서만 적용되는 것이 아니라 교회 정치에 대해서도 그대로 적용되는 것이라 하겠습니다. 특별히 장로교회의 교회론에서 다루는 '비가시적 교회(Invisible Church)'와 '가시적 교회(Visible Church)'의 연계성을 생각해 볼 때 즉, 하나님의 택하심 가운데 유일하게 성립하는 비가시적이고 본질적이며, 또한 영원한 교회가 이 지상에서도 어떠한 방식으로 나타나 보이는 교회의 모습으로 있다고* 하는 점을

---

* 개혁파 교회의 유명한 신학자인 헤르만 바빙크는 이와 관련하여 개혁교의학 4권에서 언급하기를, "그리스도의 기뻐하시는 뜻은 자신의 주권을 어떤 방식으로는 사람들에게 넘겨주지 않지만, 그들의 봉사를 사용하여 그 주권을 수행하고 그들

생각해 볼 때, 기본적으로 교회의 직분들과 그들에 의하여 수행되는 교회 정치의 올바른-성경에 따른- 수행은 필연적이며 필수적인 것이라 하겠습니다. 무엇보다도 웨스트민스터 대교리문답 제61문답에서 질문하는바 "복음을 듣고, 또한 교회 안에 있는 자들 모두가 구원을 받는가?"라는 물음에 대하여, "복음을 듣고, 또한 가시적인 교회 안에 있는 모든 자들이 구원을 받는 것은 아닙니다. 다만 비가시적인 교회의 참된 회원들만이 구원을 받습니다."라고 답한다는 것을 유념할 필요가 있습니다. 왜냐하면, 교회의 권징과 정치(다스림)란, 이 지상에 있는 가시적인 교회에 속한 회원들이 비가시적이며 본질적인 교회의 회원들이 되도록 하기 위함이기 때문-그런즉, 이는 교회의 중요한 표지(signs)의 한 요소이다-입니다.

● 가시적인 교회란, 궁극적으로 보편적인 교회(Universal Church)를 지향합니까?[41)]

웨스트민스터 대교리문답 제62문답은 "가시적인 교회란 무엇인가?" 라고 물은 후에 답하기를, "가시적인 교회란 온 세상의 모든 시대와 장소에서 참된 신앙을 고백하는 모든 사람들과 그들의 자

을 통해 모든 만물들에게 복음을 전하는 것이었다. 이러한 의미에서도 교회는 결코 통치(다스림) 없이 존재한 적이 없었다. 교회는 언제나 어떤 방식으로든 조직되고 제도적으로 설립되었다."고 했다.

잉글랜드 국교회와 스코틀랜드의 장로교회, 그리고 아일랜드의 로마 가톨릭적 고교회와 일부 회중주의 교회의 대표자들이 함께 모여 논의하도록 한 웨스트민스터 총회는 공교회를 위한 일치된 신앙의 논의에 있어 항상 모범을 제시하는 역사이다.

녀들로 이루어진 회집(a society)입니다."라고 했습니다. 그런즉 이 지상에 있는 가시적인 교회의 진정한 의미는, 하나님의 택하심 가운데 있는 자들이 참되며 하나로 일치된 신앙고백과 실천(행실)으로서 그 존재를 나타내 보이는 데에 있는 것입니다. 비록 이 지상에서는 완전할 수가 없다고 하더라도, 하나님의 말씀을 따르는 참된 신앙을 고백하고 그에 따른 참된 행실로 살아가고자 애쓰는 것이 이 지상에 있는 가시적 교회의 올바른 모습인 것이지요. 사도신경을 통하여 고백하는 "공교회(보편교회)"에 대한 믿음이란, 이 지상에 있는 가시적인 교회에 속하기만을 바라는 것이 아니라 더욱더 하나님의 택하심 가운데 있는 비가시적이고 영원하며 또한, 본질적이고 참된 교회를 믿는다고 하는 의미를 담은 것입니다. 그러므로 참으로 하나님의 백성인 신자들은 자기 자신뿐 아니라 자신이 속한 교회(개별 교회와 노회 및 총회)의 모습이 참된 교회의 모습을 얼마나 나타내고 있는지를 분별할 줄 알아야 하며, 교회의 직분자들은 더 더욱 자신들의 직무가 얼마나 성경에 충실하게 수행되고 있는지를 항상 분별하고, 미흡하거나 잘못된 점에 대해서는 개혁하기를 힘 쓰는 자들이어야 할 것입니다.

살펴볼 자료:
웨스트민스터 표준에 따른
장로교회정치 형태의
목회자의 임직에 관한 교리의 규정

출처: The Form of Presbyterian
Church Government according
to the Westminster Standards (1647)

목회자의 임직(Ordination)에 관하여: 목회자의 임직에 관한 항목 아래서는 임직에 관한 교리(doctrine)나 임직의 권한(power)에 관한 것들이 고려되어야 한다.

임직에 관련한 교리에 관하여

1. 누구라도 합법적인 부르심이 없이 목사의 직분을 맡아서는 안 된다. ▶ 간략한 해설: 요한복음 3장에는 세례 요한의 제자들이 유대 땅에서 함께 세례(정결예식)를 베푸는 예수에 대하여 변론하는 내용이 기록되어 있는데, 이러한 제자들의 변론에 대하여 27절은 "만일 하늘에서 주신 바 아니면 사람이 아무 것도 받을 수 없느니라"고 한 세례 요한의 대답을 기록하고 있습니다. 그런즉 "합법적인 부르심(a lawful calling)"이란, 하나님의 소명을 의미하는 것

입니다. 즉, "주의 이름을" 전파하고 이를 들음으로 말미암는 구원을 위하여 하나님으로부터 "보내심을 받"은 자들이, 그에 합당한 직분을 맡아야 한다(롬 10:13-15)는 것입니다. 그러므로 히 5:4절에서 사도는 기록하기를 "이 존귀-대제사장의 존귀-는 아무도 스스로 취하지 못하고 오직 아론과 같이 하나님의 부르심을 받은 자라야 할 것이니라"고 한 것이지요. 만일에 이러한 하나님의 부르심이 없이 스스로 하나님의 부르심을 주장하며 목회자에 임직하는 경우가 생긴다면, 이는 하나님의 택하심 가운데 있는 백성들의 무리인 교회를 이 지상에 드러내는 것이 아니라 오히려 교회를 가려지게 하는 극악한 결과를 초래하고 말 것입니다. 마치 렘 14:14절에 기록한바 "선지자들이 내 이름으로 거짓 예언을 하도다 나는 그들을 보내지 아니하였고 그들에게 명령하거나 이르지 아니하였거늘 그들이 거짓 계시와 점술과 헛된 것과 자기 마음의 거짓으로 너희에게 예언하는도다."라는 말씀 그대로인 것이지요. "하나님의 말씀"을 맡은 일꾼인 목회자가 거짓된 예언(가르침)을 하게 될 때에, 이 지상에는 그만큼 진리의 기둥과 터 위에 세워진 교회의 모습을 볼 수가 없게 되어버리는 것입니다.

2. 임직은 언제나 교회 가운데서 계속하여 이루어져야 한다. ▶
간략한 해설: 사도 바울이 쓴 서신서들 가운데 디모데전서, 디도서, 디모데후서를 가리켜서 '목회서신'이라고 하는데, 이는 어떤 사람을 교회의 장로와 감독으로 세워야 하는가? 어떻게 교회에서 잘못된 교훈들을 배격해야 하는지 등을 기록한 것입니다. 한마디

로 교회를 어떻게 운영하여야 하는지를 기록한 바울의 옥중(로마 감옥에서의)서신이 바로 교회의 운영에 관하여 기록한 서신들입니다. 예컨대 딤전 5:17절에서 사도 바울은 "잘 다스리는 장로들"을 언급하면서 그들을 "배나 존경할 자로 알"라고 했고, 특별히 "말씀과 가르침에 수고하는 이들에게는 더욱 그리할 것이니라"고 했습니다. 즉, 주후 1세기의 초대 교회에서도 다스리는(치리하는) 복수의 장로들과 그 가운데서 특별히 말씀(설교)과 가르침(교리)에 수고하는 장로로서의 목사(감독)의 구별이 있었던 것이지요. 그러면서 22절에서 이르기를, "아무에게나 경솔히 안수하지 말"라고 했습니다. 초대 교회에서도 직분을 세울 때에 추천과 더불어서 엄중한 심사를 통해 교회적으로 임직했던 것입니다.

무엇보다도 그러한 임직은 개별 교회에서 자체적으로 한 것이 아니라 디모데나 디도처럼 공교회의 특별한 직원(extraordinary offi-cer)에 의해 수행되도록 했는데, 딛 1:5절에서 사도 바울은 그러한 이유로 디도를 가리켜서 "내가 너를 그레데에 남겨 둔 이유는 남은 일을 정리하고 내가 명한 대로 각 성에 장로들을 세우게 하려 함이니"라고 말한 것입니다. 지금의 노회(장로회)가 임직을 주관함과 유사하게 당시에 주로 "장로들의 회"에서 수행하던 임직의 일을 위하여 디도를 교회의 특별한 직무(즉, 임직의 직무)를 수행하는 교회의 직원으로 그레데에 남겨 두었다는 것이지요. "임직은 언제나 교회 가운데서 계속하여 이루어져야 한다."는 문구는, 바로 이러한 성경의 배경을 담고 있는 것입니다.

3. 임직이란, 어떤 사람을 교회의 공적인 직분에 엄숙히 배정하는 것(the solemn setting)을 말한다. ▶ 간략한 해설: 구약의 출애굽 백성들은 양의 피로 구속된 처음 난 자들로써 애굽 백성들과 구별되었습니다. 그리고 출애굽 이후로 하나님께서는 레위 지파를 그 처음 난 자들을 대신하여 받으셨는데, 민 8:14절은 "너는 이같이 이스라엘 자손 중에서 레위인을 구별하라"는 명령의 말씀으로 기록하고 있습니다. 또한, 신약성경 행 6:3절에서 사도들은 형제들 가운데 "일곱을 택하여" 구제 사역을 전담하도록 했는데, 민 8:14절이나 행 6:3절은 공히 다른 사람들과 구별되는 직분의 임직에 관하여 기록한 본문입니다. 한마디로 '임직'이란, 교회의 직분자를 택하여 구별하는 엄숙한 행위인 것이지요. 직분의 임직은 기본적으로 레위인을 구별하여 하나님께 바치는 예식인 "요제"(Wave offering, 레 77:30-34)와 같은 엄숙함과 정결함이 요구되는 것입니다.

4. 모든 말씀의 사역자-목사-는 안수와 기도, 금식을 통하여 임직을 수행할 권한이 있는 설교 장로들(preaching presbyters)-가르치며 다스리는 장로인 목사-에 의하여 임직되어야 한다. ▶ 간략한 해설: 딤전 4:14절에서 사도 바울은 디모데에게 이르기를 "네 속에 있는 은사 곧 장로의 회에서 안수 받을 때에 예언을 통하여 받은 것을 가볍게 여기지 말"라고 했는데, 여기서 말한 "장로의 회"란, 디모데에게 안수한 여러 장로들의 회의-즉, 장로단(the college of the presbyters)-을 가리킵니다. 그런즉 초대 교회 때에도 목회자(가르치며 다스리는 사역을 맡은 장로)의 임직이 설교권이 있는 여러 장로

들-13절에 명시한바 "권면하는 것과 가르치는 것"에 전념하는 장로들-의 안수로 이뤄졌음을 알 수가 있습니다.

5. 목회자로 임명될 사람이 특정한 교회(particular church)**나 다른 목회적 책임**(ministerial charge)**을 맡도록 하는 것은, 하나님의 말씀에 부합하며 매우 적절한 것이다.** ▶ 간략한 해설: 행 14:23절에 기록하기를 "각 교회에서 장로들을 택하여 금식 기도 하며 그들이 믿는 주께 그들을 위탁하"라고 했습니다. 특별히 "택하여"라는 말은, 임직을 위하여 엄숙한 안수를 한 것을 일컫는 말입니다. 일반적으로 바울과 바나바는 목사들을 세우는 사역을 위하여 교회들을 돌아보는 사역을 담당하였는데, 회중에 의해 투표로 선출된 목회자를 임직시키는 사역을 담당했던 것이지요. 흔히 교회의 '창설 직원'이라 칭하기도 하는 초대 교회 때의 '비상 직원(Extraordinary Officer)'이었던 것입니다. 마찬가지로 행 20:28절에서 사도는 에베소에 있는 교회의 장로들에게 "온 양 떼를 위하여 삼가라……하나님이 자기 피로 사신 교회를 보살피게 하셨느니라."고 하여, 목회자가 특정한 교회 회중에 대한 목회적인 책임을 맡도록 세워진 자인 것을 폭넓게 증거하고 있습니다.

6. 목사로 임직을 받으려는 사람은, 사도의 규정에 따라서 생활과 사역의 역량(life and ministerial abilities) **모두에 있어서 합당한 자격을 갖추어야만**(must be duly qualified) **한다.** ▶ 간략한 해설: 딤전 3:2-7절에는 감독(목사 즉, 가르침과 치리를 담당하는 사역자)으로 세울 자

의 자격에 관한 가장 기본적인 기준들을 제시하고 있습니다. 마찬가지로 딛 1:6-9절에도 감독의 자격조건에 관하여 언급하고 있으니, 이는 성경에 명시적으로 언급한 가장 분명한 자격요건들이라 하겠습니다. 이를 가리켜서 "사도의 규정(the rules of the apostle)"이라고 하는데, 그것은 단순히 그 직분을 수행할 수 있는 역량만을 말하지 않고, 그 직분을 수행할 자의 생활에 관해서도 분명한 기준을 제시하고 있습니다.

7. 목사로 임직을 받으려는 사람은, 그를 임명할 사람들에 의한 심사(examined, 시험)와 승인(approved)을 받아야 한다. ▶ 간략한 해설: 딤전 3:8-9절에 기록한바 사도의 규정 이후로 10절에서 사도 바울은 "이에 이 사람들을 먼저 시험하여 보고 그 후에 책망할 것이 없으면 집사의 직분을 맡게 할 것"이라고 했습니다. 이러한 시험의 절차는 목사의 경우에 더욱 엄중하게 적용되는데, 딤전 5:22절에서 "아무에게나 경솔히 안수하지 말"라고 한 것에서도 그러한 의미를 파악할 수가 있겠습니다. 특별히 임직에 관한 교리에서 "그를 임명할 사람들"이라는 문구에 주목할 필요가 있는데, 이는 임직의 안수를 할 수 있는 사람들이라는 의미로서, 노회의 목사들(노회의 모든 목사들이 아니라 임직을 위하여 따로 구성된 목사들)을 말합니다. 그러므로 임직은 개별 교회의 당회가 주관하는 것이 아니라 노회가 주관하여야 하는 것이며, 더욱 시험을 통하여 아무에게나 경솔히 안수하는 일이 없도록 하여야 하는 것입니다. 거기다가 최종적으로 "승인(허락)"과 동의(회중의 동의)를 통하여 엄밀하게 임직할 수 있

도록 규정하고 있는데, 이 모든 규정들은 노회가 임의로(혹은, 자율로) 정립한 것이 아니라 디모데전서나 디도서와 같은 성경의 언급들을 바탕으로 정립한 교리적인 규정들임을 기억하여야 할 것입니다. 또한, 목사의 청빙이 있어서도 이러한 규정들은 그대로 적용되기에, 목사의 청빙 절차는 개별 교회의 당회나 회중이 임으로 시행할 것이 아니라 노회의 주관을 통해 이뤄지도록 해야만 합니다.

8. 그 회중의 구성원들이 그에 대하여 정당한 예외의 사유를 제시할 수 있는 경우가 아니라면, 어떠한 사람도 특정한 회중의 목사로 임직되어서는 안 된다.[*] ▶ 간략한 해설: 딛 1:7-9절에서 사도 바울은 디도에게 이르기를 "감독은 하나님의 청지기로서 책망할 것이 없고……미쁜 말씀의 가르침을 그대로 지켜야 하리니 이는 능히 바른 교훈으로 권면하고 거슬러 말하는 자들을 책망하게 하려 함이라."고 했고, 2:6-8절에서는 디도에게 "너는 이와 같이 젊은 남자들을 신중하도록 권면하되……책망할 것이 없는 바른 말을 하게 하라 이는 대적하는 자로 하여금 부끄러워 우리를 악하다 할 것이 없게 하려 함이라."고 했습니다. 이처럼 목회자로 임직하는 자들은 더욱더 "바른 교훈으로 권면하고 거슬러 말하는 자들을 책망"하되, "대적하는 자로 하여금 부끄러워 우리를 악하다 할 것이 없"도록 흠이 없는 자여야 함을 목회 서신의 여러 구절들 가운데서 파악할 수가 있습니다.

---

[*] 1항에서 8항까지는 임직에 대한 교리적인 항목들이다.

9. 임직은 노회(a presbytery)**의 행위**(the act)**이다.** ▶ 간략한 해설: 앞서 4항에서 설명한바, 임직은 딤전 4:14절에서 언급한 "장로 의 회"인 노회에 의하여 수행되어야 합니다. 그러므로 집사의 임 직에 있어서도 노회의 파송을 받은 노회원의 주관으로 이루어지 는 것입니다.

10. 임직에 관한 모든 일을 정하는 권한(The power of ordering)**은 노회 전체**(the whole presbytery)**에 있으며, 노회가 한 개 이상의 여러 회중들을 관할할 때에**(when it is over more congregations than one) **그 회중이 회원들이나 직원들을 확정했는지 확정하지 않았는지는 임 직의 문제와는 무관하다.** ▶ 간략한 해설: 로마 가톨릭교회나 감 독제 교회에서의 임직은 특정한 사제(교황)나 목사 개인의 권위와 권한에 근거하는 것을 볼 수가 있습니다. 반면에 장로교회의 임직 의 권한은 특정한 목사 개인에게가 아니라 장로단(the college of the presbyters)으로서의 장로회에 그 권위와 권한이 있습니다. 이는 신 약성경 행 6:6절에 기록한바 구제의 일을 수행하는 직분을 따로 세움에 있어서 베드로 사도와 같은 특정한 사도 개인이 아니라 "사 도들"에 의해 수행되었다는 점을 그대로 계승하는 것입니다. 칼뱅 의 주석에 따르면, 마찬가지로 한 지역에 정착하여 사역하지 않은 사도들 가운데 속한 바울이 딛 1:5절에서 디도에게 "내가 너를 그 레데에 남겨 둔 이유는 남은 일을 정리하고 내가 명한 대로 각 성 에 장로들을 세우게 하려 함이니"라고 했을 때에, 그것은 "디도에 게 모든 것-임직에 관련한 모든 일들-을 임의대로 할 수 있는 권

한을 부여함으로써 그의 마음에 드는 사람을 교회의 감독으로 세우도록 하고 있는 것이 아니라, 선택할 때 대회의 의장으로서 통할할 것을 명하고 있는” 것이라고 했습니다. 그런즉 임직의 권한이 특정한 사람에게 있지 않고 장로회인 노회에 속한다는 것을 성경에서도 파악할 수 있는 것입니다. 그리고 교회의 직원들이 이미 세워진-당회가 구성된- 개별 교회의 선택과 청원이 아니라고 하더라도, 노회의 권한에 의하여 특정한 지역에서 교회를 모아 구성할 목사-소위, 전도 목사-를 임직할 수 있다는 것이 이 문구의 후반부 문맥이라 하겠습니다.

11. 단일 회중(single congregation)**이 임직에 있어서의 모든 권한과 독점적 권한**(all and sole power)**을 스스로 취해서는 안 된다는 점은 매우 중요하다.**

1) 왜냐하면, 성경에서 어떤 단일한 회중이 편의에 따라 연합하여 임직에 관한 모든 권한을 단독으로 행사했다는 사례가 없으며, 아울러서 그러한 관행을 보장하는 어떠한 규칙도 찾아볼 수가 없기 때문이다.

2) 성경에는 여러 회중들을 관할하는 노회에서 안수를 받은 사례를 찾아볼 수 있으며, 예루살렘의 교회에는 많은 회중들이 있었는데, 이 많은 회중들이 하나의 노회에 속해 있었으며, 이 노회가 [여러 개의 단일한 교회회중-을] **관할했기 때문이다.**

　　도시 안에서나 인접한 마을 안에 질서 있게 연합한(orderly associated) 설교하는 장로들(The preaching presbyters. 혹은 가르치는 장로인 목사들)은, 각자 그들의 구역 안에 있는 회중들(단일한 회중으로 모인 교회)을 위하여서 안수할 수 있는 권한을 지닌 자들이다.* ▶ 간략한 해설: 1648년 회중주의 교회의 교회정치 강령인 케임브리지 강령(The Cambridge Platform)은, 2장에서 "보편적 교회의 일반적 속성과 가시적 개별 교회의 특별한 속성에 관하여" 기술하는데, 지상에 있는 가시적인 교회를 가리켜서 '전투하는 교회(militant church)'라 칭하면서 4항에 이르기를 "우리는 보편적인 가시적 교회(universal visible church)를 부인한다."고 했습니다. 흔히 '공교회(Catholic Church)'라 불리는 단일하고 연합된 교회의 개념을 비가시적-사람의 눈으로 분간할 수가 없는-이라고 본 것입니다. 그러면서 5항에 이르기를 "질서를 따라 행하는 전투하는 가시적 교회의 회원들의 상태는, 율법 이전에는 공동체 즉, 가족들이었으며, 율법 아래서는 국가적이었다. 또한, 그리스도께서 오신 이후로는 다만 회중적이었다. 따라서 [전투하는 가시적 교회 회원들의 상태는] 국가적이지 않으며, 지방적이거나 노회적이지도 않다."고 하여 그들이 생각하는 가시적인 교회의 개념이 개별 교회 자체로 국한됨을 분명하게 밝혔습니다. 반면에 웨스트민스터 장로교회 정치 형태에 관한 문서나 그 이전 스코틀랜드의 제2치리서 등 장로교회의 교회 정치에서는 개별 교회의 회중이 아니라 노회 혹은, 대회나 총회와 같이 공교회적 특성을 보여

---

*　9항에서 11항까지는 임직의 권한에 대한 항목들이다.

주는 교회의 유기적인 연합을 강조하였는데, "단일 회중이 임직에 있어서의 모든 권한과 독점적 권한(all and sole power)을 스스로 취해서는 안 된다"고 한 11항의 문구는 바로 그러한 교회 형태에 관한 원리를 따라서, 소위 회중주의 혹은 독립교회라 구별하는 교회 정치에서의 완전하고 독립적인 회중에 의한 개별 교회의 교회 정치를 부정하고 있습니다. 한마디로 회중주의 교회에서처럼 개별 교회가 자체적으로 임직의 권한을 행사하는 교회 정치의 형태를 부인하는데, 오히려 성경에서는 노회의 기원과 노회에 의한 임직의 사례들을 찾아볼 수 있을 뿐이기 때문입니다. 그리고 이처럼 노회에 의한 교회 정치를 강조하는 이유는, 성경에 근거하여 볼 때 임직의 권한은 특정한 개별 교회에 있지 않고 오히려 노회-개별 회원이 아니라 전체 노회-에 있음을 확인할 수가 있기 때문입니다.

아래 두 항은, 별도로 구성된 "목회자 임직의 교리적 부분에 관하여"라는 제목으로 분류된 항목들 가운데서 앞 페이지의 항목들과 중복되는 1~10항을 제외하고 첨부한 것입니다.

11. 비상적인 경우(extraordinary cases)**에 있어서는 정해진 질서가 확립할 때까지 특별한**(extraordinary) **어떤 조치를 취할 수 있겠지만, 그럼에도 불구하고** [앞서 언급된] **규칙에 최대한 가깝게 유지하도록 해야 한다.** ▶ 간략한 해설: 구약성경 대하 29:31절 이하의 본문을 보면, 제물과 감사제물을 여호와께 드리라는 히스기야의 명령에 따라 소와 양을 잡을 때에 "제사장이 부족하여 그 모든 짐승들

의 가죽을 능히 벗기지 못하는 고로 그의 형제 레위 사람들이 그 일을 마치기까지 돕"(34절)더라고 했는데, 그처럼 비상적인 경우에 있어서도 레위인들은 "다른 제사장들이 [제물을] 성결하게 하기까지 기다렸"더라고 했습니다. 즉, 감당할 수 없는 비상적인 경우에 레위인들이 제사장들이 짐승의 가죽을 벗기는 것을 도울 수 있었으나, 제물을 성결하게 하는 제사장 고유의 직무를 침범하기까지는 행하지 않았더라는 것이지요. 한마디로 비상적인 경우에 있어서도 이전의 질서와 원칙을 훼손하지 않고 최대한 따르려는 "성심이 있었"던 것입니다. 이러한 성경의 예처럼, 목회자 임직에 관한 교리적 부분에서도 "비상적인 경우에 있어서……[앞서 언급된] 규칙에 최대한 가깝게 유지하도록 해야 한다."고 하여, 기존의 질서에 어긋나지 않는 질서와 원칙을 제시하고 있습니다.

12. (우리가 겸손하게 생각하는 바에 따르면) **지금**[웨스트민스터 총회의 시기]**은 현재의 목회자 수급을 위한 임직의 방식에 대하여 비상적인 때** (extraordinary occasion)**이다.** ▶ 간략한 해설: 이 항목은 웨스트민스터 총회의 비상적이고 특수한 성격을 반영하고 있습니다. 일반적인 총회의 소집이 교회의 자체적인 소집에 의하여 이루어지는 것과 달리, 웨스트민스터 총회는 국가 관원(즉, 의회)의 소집에 의하여 이루어졌던 것입니다. 또한 회의의 성격도 장로교회파 만이 아니라 독립파(회중주의)나 국교회(성공회)파 등이 함께 참여하여, 성경을 근거로 하여 하나로 일치된 신앙과 예배, 그리고 교회 정치의 형태와 교리체계를 확립코자 했던 것이지요. 하지만 그럼에도 불구하

고 11항에서 언급한바 그처럼 비상적인 경우에 있어서도 "[앞서 언급된] 규칙에 최대한 가깝게 유지하도록" 하고자 했으며, 회의의 실질적인 논의는 대부분 관원들의 권세가 아니라 목회자와 신학자들의 권위에 의해 이뤄졌습니다.

목회자 임직을 위한 규칙(Directory)[*]

하나님의 말씀에 분명하게 나타나 있는 바와 같이, 합법적으로 부름을 받고 임직하기 전까지는 누구라도 복음 사역의 직분(the office of a minister of the gospel)을 맡아서는 안 된다. 그리고 임직의 일은 합당한 모든 주의와 지혜, 진지함, 그리고 엄숙함을 가지고서 수행되어야 하므로, 우리는 반드시 준수해야 할 사항으로서 다음과 같은 지침들(Directions)을 겸손하게 제시하는 바이다.

1. 임직을 받으려는 자는, 사람들(즉, 회중)에 의하여 지명을 받거나, 혹은 노회에 추천을 받아 노회에 보고하고, 노회에 가서 세 왕국의 언약(the covenant of the three kingdoms. 잉글랜드, 스코틀랜드, 아일랜드의 언약)을 받아들였다는 증명서와 학업에 대한 근면함과 진보됨,

---

[*] 앞서 임직에 관한 교리들이 증거 본문(성경 구절)들을 첨부하고 있는 것과 달리, 임직에 관한 규칙들은 증거 본문이 첨부되어 있지 않다. 그러나 규칙들의 특성은 성경과 상관이 없이 자율적으로 작성한 것이 아니라, 임직에 관한 교리의 성경 구절들을 바탕으로 겸허하게 작성한 것이다.

그가 대학에서 취득한 학위는 무엇이며, 그곳에 거주한 기간은 얼마였는지, 아울러 그의 나이가 24세 이상이 될 것이라는, 그리고 무엇보다 그의 생활과 언행에 대하여 입증하는 증명서(a testimonial)를 제시하여야만 한다.

2. 노회는 이를 검토하여 그에게 있는 하나님의 은혜에 관하여 조사하고, 복음의 사역자에게 필요한 거룩한 생활을 하였는지의 여부를 심사하여야(to examine) 한다. 그리고 그의 학식과 자질, 아울러서 거룩한 사역자로서 그를 부르셨다는 것, 무엇보다도 그 자리에 대한 그의 순조롭고 직접적인 부르심에 대한 증거(the evidences)를 심사하여야 한다.

심사를 위한 규칙들은 다음과 같다.

"⑴ 심사는 형제애의 방식을 바탕으로 하여 온유한 마음으로, 그리고 누구든지 진지함, 겸손, 품성에 대한 특별한 존중과 더불어서 이루어져야 한다.

⑵ 심사를 받는 자는 원어에 대한 능력에 대하여 심사를 받아야 하는데, 히브리어와 그리스어 성경을 읽고 그 일부를 라틴어로 번역하는 시험을 치르도록 한다. 그리고 만일에 그가 이러한 면들에 있어서 부족함이 있다면, 그의 다른 배움에 대하여 더욱 엄격하게 조사해야 하며, 아울러서 논리학(logick)과 철

학(philosophy)에 있어서의 재능이 그에게 있는지도 조사하여야
한다.

(3) 그가 어떤 신학 분야의 저술들을 읽었고, 어떤 저술들에 가
장 정통한지, 그리고 종교의 기초에 대한 그의 지식, 그리고 정
통 교리를 모든 불건전하고 잘못된 견해들, 특히 현시대의 견
해들에 맞서서 옹호할 수 있는 그의 능력이 있는지, 양심의 문
제와 관련해서 자신에게 제시되는 성경 구절의 의미와 의도에
대한 그의 재능, 그리고 성경의 연대기에 대하여, 아울러 교회
사에 대한 그의 재능에 대하여 심사하여야 한다.

(4) 만일에 그가 이전에 [그의 설교에 대하여] 판단할 수 있는 자들의
승인을 받아서 공적으로 설교한 적이 없다면, 지정된 적절한
시간에 노회 앞에서 그에게 주어진 성경 구절을 상세하게 설명
하도록(expound) 한다.

(5) 그는 또한 적절한 시간 안에 자신에게 할당된 신학의 일반
적인 주제나 논쟁이 되는 주제에 대하여 라틴어로 논문을 작성
하여, 노회에 그 내용을 요약한 논제를 제시하고, 계속해서 그
에 대한 논박에 대처하여야 한다.

(6) 그는 노회나 노회에서 임명한 말씀의 사역자들 중에 일부가
참석한 가운데 회중 앞에서 설교해야 한다.

⑺ 그가 부름을 받은 자리에 대하여 그의 은사가 적절한지가 고려되어야 한다.

⑻ 설교에 대한 은사를 시험하는 것 외에도, 그는 노회에서 이틀 이상의 기간에 걸쳐서 심사를 받아야 하는데, 만일에 노회가 필요하다고 판단한다면 그 이상의 시험도 받아야 한다.

⑼ 그리고 이전에 목사로 임직을 받은 사람이 다른 직임(charge)으로 옮기게 될 경우-즉, 다른 교회의 회중을 맡게 될 경우-에는 자신의 임직과 능력 및 언행에 대한 증명서를 제출하여야 하며, 옮기는 곳에서 설교를 함으로써 그 직책에 적합한지의 여부를 시험하여 보도록(be tried) 하고, (필요하다고 판단될 경우에는) 추가적인 심사를 하여야 한다.”

3. 모든 면에서 승인을 받았다면 그를 자신이 봉사할 교회로 보내어야 하며, 그곳에서 각기 다른 사흘 동안에 걸쳐서 설교를 하고 회중과 더불어서 교제하여 회중의 건덕을 위한 그의 은사를 시험하여 볼 수 있으며, 또한 그의 생활과 언행(conversation)을 탐구하여 더욱 잘 알 수 있는 시간과 기회를 갖도록 할 수 있을 것이다.

4. 설교에 있어서 그의 은사를 시험하기 위하여 지정된 이 사흘의 기간 가운데 마지막 날에, 노회는 회중에게 서면으로 공적인 통지를 보내야 하며, 이는 회중 앞에서 공개적으로 낭독되고, 또한

이후에 교회 문에 부착되어야 하는데, 이는 그날 그 회중 가운데서 적절한 수의 회원을 그들 스스로 지명하여 노회에 출석할 것이며, 그 사람을 그들의 목사로 임명하는 데 그들이 동의하고 승인한다는 것을 알리기 위함이며, 그렇지 않다면, 그들이 그에 대하여 어떤 이의를 가지고 있는지를 모든 그리스도인의 분별력과 온유함을 가지고서 설명하기 위함이다. 그리고 만일에 정해진 그 날에 그에 대한 정당한 이의가 없고, 다만 회중의 동의가 있을 뿐이라면, 노회는 임직을 진행하여야 할 것이다.

5. 임직을 받을 사람이 봉사할 교회에서 거행될 임직식을 위하여 정한 날에 회중은 엄숙히 금식해야 하는데, 이는 그들이 그리스도의 의식과 그들의 유익을 위한 그리스도의 종의 수고에 대한 축복을 간절히 구하는 기도에 더욱 열렬히 동참하기 위함이다. 노회는 [임직식이 거행될] 그 장소에 오거나, 적어도 세 명이나 네 명의 말씀 사역자를 그 곳에 파견하도록 하며, 노회에서 임명한 목사 한 명이 사람들에게 그리스도의 목사의 직분과 의무(the office and duty)에 관하여 설교하고, 아울러서 그 회중이 그들의 사역을 위하여서 그들을 어떻게 받아들여야 하는지(to receive them for their work's)에 대해서도 설교하도록 한다.

6. 설교가 끝난 이후에 설교를 했던 목사는 회중 앞에서 이제 임직을 받을 사람에게 성경을 따라서 예수 그리스도에 대한 믿음, 그리고 개혁된 신앙의 진리(the truth of the reformed religion)에 대한 그

의 확신이 어떠한지에 대하여, 이 부르심에 동참하고자 하는 그의 진실한 의도와 목적, 기도, 독서, 고찰(meditation), 설교, 성례의 집례, 권징(discipline), 그리고 자신이 맡은 모든 사역적 의무들을 수행하는 데 있어서의 그의 근면함; 오류와 분열(schism)에 맞서서 복음의 진리와 교회의 일치를 수호하려는 그의 열정과 충실함. 그 자신과 그의 가족이 비난받을 것이 없도록 보살피며, 양 떼의 본보기가 되도록 주의를 기울임, 그의 형제들[즉, 동역자들]의 훈계와 교회의 권징에 복종하려는 의지와 겸손, 그리고 심령의 온유함으로 자진하는 겸손함, 그리고 어떠한 어려움과 박해에도 불구하고 자신의 의무를 계속해서 수행하겠다는 굳은 결심을 당부하도록(demand) 한다.

7. 그가 이 모든 일들에 있어서 그 자신의 [소명]을 선언하고, 그의 의지를 표명하며, 아울러서 하나님의 도우심으로써 수고하겠노라고 약속했다면, [설교한] 그 목사는 또한 회중에게도 그를 그리스도의 목사로서 받아들이고 인정하기를 자진하도록 당부하도록 한다. 그리고 주님 안에서 그들을 다스리는(rule over) 자로서 그에게 순종하고 복종하며, 그의 직무의 모든 부분에 있어서 그를 지지하고 격려하고 도울 것을 요구하도록 한다.

8. 그리고 회중, 노회 또는 임직을 위하여 그들에게 파견된 목사들이 상호 간에 약속한 바에 따라, 목사에게 손을 얹음으로써 그를 목회의 직분과 사역에 대하여 엄숙히 구별해야 하며, 다음과 같은

내용의 짧은 기도나 축복을 덧붙이도록 한다.

"그의 백성들을 구원하기 위하여 예수 그리스도를 보내신 하나님의 크신 자비에 감사하오며, 아울러 하나님 아버지의 오른편으로 승천하시고, 거기서 성령을 부어주시며, 그의 교회를 모으고 세우기 위하여 사람들에게 은사들을 주시어서 사도, 복음 전파자, 선지자, 목사, 교사가 되게 하셨으니, 그리고 이 사람을 이 위대한 사역*에 적합하고 관심을 갖도록 해주신 것으로 인하여 감사하오며, 그에게 그리스도의 성령을 부어 주시고, (우리가 그의 이름으로 이 거룩한 봉사(holy service)를 위하여 따로 구별한) 그에게 모든 것들에 있어서 그의 사역을 성취하게 하시어, 그 자신과 그의 책무에 맡겨진 그의 백성들을 구원하여 주시기를 간구하나이다."

9. 이러한 혹은 이와 같은 형태의 기도와 축복이 끝나면, 설교하는 목사는 그에게 그의 직분과 사역의 위대함, 그 자신과 그의 백성에 대한 부주의로 말미암는 위험성, 그의 충실함에 수반될 이 세상의 삶, 그리고 오는 세상의 삶에 있어서의 축복에 대하여 생각하도록 간략하게 권고하도록 한다. 그리고 회중에게도 그들이 전에 한 엄숙한 약속에 따라서, 마치 그들이 주님을 섬기는 자에게 하듯이 그에게 대하도록 권고한다. 아울러 기도로써 그와 그의 양 떼를 하나님의 은혜에 맡기는 기도를 하고, 시편 찬송을 부른 후에, 축

---

* 　여기서 임직자의 머리에 그들의 손을 얹도록 한다.

복함으로써 회중을 해산시키도록 한다.

10. 만일에 [현재에] 어떤 목사가 회중을 위하여 임명되었다면, 그는 잉글랜드 교회에서의 임직의 형식에 따라서 장로로 임직한 사람일 것이다. 이러한 임직을 받은 사람을 누구라도 부정할 수 없다. [그것을] 유효한 것으로 인정하고, 아울러서 누구도 [이러한 임직을] 받은 자를 부인하지 못하도록 한다. 다만 [임직을 위한] 심사에 있어서 신중한 절차가 있어야 할 것이지만, 어떠한 새로운 임직이 없이 그를 수용하도록 한다.

11. 그리고 스코틀랜드나 어떤 다른 개혁 교회에서 이미 목사로 임직을 받은 사람이 잉글랜드의 다른 회중으로 파송될 경우에 있어서, 그는 그 교회로부터 그 교회가 속한 노회에 자신의 임직과, 교회에 있던 동안의 생활과 언행, 그리고 그의 이동의 사유에 대해 충분히 소명하는 증명서를 제출하여야 한다. 그리고 그의 적합함과 충분함에 대한 시험(a trial)을 거치도록 하며, 또한 시험과 입회에 관련해서는 바로 앞의 규칙 가운데 명시된 것과 동일한 절차로서 그에게도 실시토록 한다.

12. 각 노회에서는 임직을 받은 사람들의 이름, 아울러서 그들의 증명서, 그들이 임직한 때와 장소, 그들에게 안수한 장로들, 그리고 그들이 임명된 책무(the charge)에 대한 기록들을 주의하여 보관하도록 한다.

13. 노회나 그에 속하는 어떠한 사람이라도, 임직을 받는 사람이
나 그를 대신한 어떠한 사람으로부터든, 임직이나 어떠한 명목으
로든지 간에 어떠한 종류의 돈이나 선물이라도 받아서는 안 된다.

**지금까지 통상적인 규칙과
과정**(ordinary Rules, and course) **가운데서의
임직의 방식**(the ordinary way)**에 대하여 설명하였다.
이제부터는 비상한 방식**(the extraordinary way)**으로
실행하는 데 필요한 내용을 설명하는 것이다.**

1. 현재의 긴급한 상황 가운데서 우리는 모든 권한과 사역을 수
행할 수 있는 노회를 구성할 수가 없으며, 또한 많은 목사들이 육
군과 해군을 위해 안수받아야 하고, 목사가 전혀 없는 많은 지교회
들에 임직을 받아야 하는 실정이다. 그리고 (공적인 문제들(the publick
troubles)-즉, 당시의 내전 상황-로 인하여) 회중이 그들을 위한 충실한 목사
를 찾기 위하여 직접 알아볼 수 없거나, 일반적인 규칙들에 있어
앞서 언급한 것과 같은 엄숙한 재판을 위하여 안전하게 목사를 파
견할 수도 없는 경우, 특별히, 그들이 찾아갈 수 있는 노회가 가까
이에 없으며, 그 회중과 그 사람들을 위해 적절한 사람을 보내거나
찾아가서 임직할 수 있는 노회가 없는 경우이지만, 그럼에도 불구
하고 목사들이 어떤 사람들에 의하여 그 회중을 위해 임직하여야
하며, 그 일을 위해 따로 구별된 자들이 합당하고 적당하다고 판단

되는 다른 목회자를 따로 구별하여 세우는 일에 참여할 권한을 가지고 있는 실정이다. 그러한 경우에 있어 하나님의 축복으로 앞서 언급한 어려움들이 어느 정도 해소될 때까지는 런던 시 또는 그 주변 지역의 경건한 목사들이 공적인 권한을 통하여 임명되고, 그들은 서로 연합하여 도시와 그 주변 지역을 위한 목사를 임명할 수가 있을 것이지만, 가능한 한 앞서 언급한 일반적인 규칙들을 준수해야 할 것이다. 그리고 이러한 연합은 다른 의도나 목적을 위한 것이 아니라 오직 임직의 사역을 위한 것이어야만 한다.

2. 현재 조용하고 방해를 받지 않는 여러 주의 대도시와 인근 교구에서도 동일한 권한으로 유사한 연합을 형성하여, 인접한 지역에서도 동일한 조치를 취할 수 있도록 한다.

3. 육군이나 해군에 복무하도록 선택되거나 임명된 사람들은. 앞서 말한 대로 런던의 연합한 목회자들이나 그 밖의 지방의 목회자들에 의하여 임직할 수 있도록 한다.

4. 어떤 사람이 어떤 회중의 사역을 위하여 적절하면서도 합법적으로 추천을 받은 경우, 그 회중에게는 그 사람의 역할과 능력을 시험하여 볼 수 있는 자유가 없으므로 [이를 위하여 따로] 연합된 목회자들의 도움을 받아야 하며, 그 연합된 목회자들이 그 교회와 회중을 섬기는 데 적합하다고 판단되는 사람을 추천하도록 한다.

간단한 해설: 웨스트민스터 신앙고백은 교회에 관하여 서술하

는 제25장 2항에서 가시적인 교회에 관하여 기술하기를, "복음 아래 (이전의 율법 아래에서처럼 한 국가에 국한되지 않으며) 또한, 공교회 혹은 보편적인 가시적 교회(The visible Church)는 참된 신앙을 고백하는 세상의 모든 사람들로 구성된다."고 했는데, 장 칼뱅에 따르면 이러한 교회는 "믿음의 고백과 삶의 모범과 성례에 참여함으로써 우리와 더불어 같은 하나님과 우리와 함께 하시는 그리스도를 고백하는 자들을 교회의 회원으로 인정하게 되는 것"(기독교 강요 최종판 4권 제1장 8)이라고 했습니다. 그런즉 지상의 가시적인 교회는 단순히 개별적인 교회 자체로서가 아니라 참되며 동일한 신앙을 고백하며, 동일한 삶의 모범과 성례에 참여하는 전세계 모든 그리스도인들로 이루어진 교회 즉, 공교회 혹은 보편교회(catholic or universal church)를 일컫는 것입니다. 그러므로 그러한 보편교회로서의 믿음이 개별 교회들에도 그대로 적용되는 것이며, 바로 이 점에서 장로교회(Presbyterian Church)와 회중교회(Congregational Church)의 교회관이 크게 구별되는데, 장로교회가 개별 교회의 당회-(지역의) 노회(Provincial Synod)-(국가적) 대회 혹은 총회(National Synod)-범세계적 총회(General Assembly)의 순으로 확대되는 유기적이고 공적인 교회정치 체제를 확립하고 있는 것*에 반해, 회중교회는 기본적으로 개별

---

*　장 칼뱅을 통해 정립된 장로교회의 교회론은 기본적으로 보편교회로서의 공교회에 관한 것으로, 비가시적인 교회와 연계되는 이 지상의 가시적인 교회는 기본적으로 보편교회이다. 그러므로 기독교강요 최종판 4권(제1장 9항)에서 이르기를 "보편적 교회는 모든 나라에서 모은 큰 무리이다. 그 보편적 교회는 나누어져 여러 곳에 퍼져있지만 거룩한 교리의 한 진리에서 서로 일치하며, 같은 신앙생활의 유대로 연합되었다.……각 개인이 (거룩한 교리의 한 진리에서 서로 일치하는) 신앙 고백에 의해서 개교회의 일원으로 인정될 때, 비록 그들이 보편적 교

교회 자체의 회중적인 교회정치 체제를 확립하였습니다. 물론 회중주의의 교회들도 대회나 총회와 같은 광역회의체를 운용하였지만, 그것은 구속력이 강한 상위기구이기보다는 연합을 위한 논의기구의 성격입니다. 그러므로 진정한 의미의 장로교회는 노회가 개별 교회들에 대한 충분한 영향력과 구속력을 지녀야만 하는데, 이를 위하여 시찰(Visitation)을 통하여 개별 교회들을 실질적으로 돌아보도록 하는 것입니다. 개별 교회의 시찰을 시행하는 위원에게 개인적인 권한이 있는 것은 아니지만, 이후에 노회에 보고되는 시찰의 결과를 가지고서 노회는 개별 교회의 사정을 파악하고 그에 상응하는 행정력을 발휘하게 되는 것이지요. 이러한 형태는 개별 교회의 치리회(교회 정치의 기구)인 당회(Presbyterian Church Council)의 장로(Ruling Elder)가, 자신에게 맡겨진 구역의 가정들을 실질적으로 돌아보는 심방의 결과를 당회에 보고하여 함께 논의하고 치리를 시행하는 일련의 절차에 고스란히 계승되어 있습니다.

그런데 이러한 일련의 교회적(혹은 목회적) 돌봄의 체제에 있어서 매우 중요한 핵심적 원리는 바로 '말씀-성경의 진리 혹은 교리-에 따른 시행'이라는 것입니다. 개별 교회이든 노회이든 교회적인 행정과 정치의 모든 원리는 오직 성경에 근거해야만 하는 것입니다. 바로 이 점에서 말씀(성경)의 사역자인 목사를 세우는 문제는, 교회

___

회를 알지 못할지라도 공적인 재판에 의해서 출교되지 않는 이상 그들은 보편적 교회에 속한 사람들이다."라고 하여, 보편적인 교회와 개별 교회를 긴밀히 연계하여 설명했다.

를 하나님의 말씀에 따라 세우느냐 아니냐를 판가름하는 결정적이고도 실제적인 문제라 할 것입니다. 당회이든 노회이든, 교회 정치의 모든 권위와 능력이 하나님의 말씀인 성경에 근거하여서만 발휘됨에서 알 수가 있듯이, 성경에 충실한 사역을 위하여 세워진 목사의 역할과 역량이야말로 교회의 존립에 있어서 결정적으로 중요한 것입니다. 그러므로 목사를 세우는 절차는 참으로 엄격하고 신중한 검증과 시험의 절차를 통하여 참으로 엄밀하게 이루어져야만 하는 것이지요. 예수께서 그분의 제자들에게 친히 이르신 "무엇이든지 너희가 땅에서 매면 하늘에서도 매일 것이요 무엇이든지 땅에서 풀면 하늘에서도 풀리리라."(마 18:18)고 한 말씀은, 교회 안의 치리회가 지니는 신적 권위(Jus Divinum, divine right)에 대한 보증일 뿐만 아니라 그 권위의 유일한 바탕인 '말씀(성경)'의 중요성을 암시하는 것이기도 한데, 이는 목사가 얼마나 말씀에 충실한 설교와 가르침을 수행하느냐와 더불어서 그러한 말씀대로 시행하는 교회의 치리회가 지니는 신적 권위를 반증하는 말씀이기도 하기 때문입니다.*

---

* 이러한 신적 권위는 결코 특정한 사람 개인에게 부여되는 것이 아니다. 마 18:18절에서 예수께서는 "무엇이든지 (네가) 땅에서 매면 하늘에서도 매일 것이요 무엇이든지 땅에서 풀면 하늘에서도 풀리리라."고 말씀하신 것이 아니라, "무엇이든지 <u>너희가</u> 땅에서 매면 하늘에서도 매일 것이요 무엇이든지 땅에서 풀면 하늘에서도 풀리리라."고 말씀하셨다. 그러므로 이어지는 19절에서도 "다시 <u>너희에게</u> 이르노니"라고 말씀하셨고, 20절에서 더욱 분명하게 "<u>두세 사람</u>이 내 이름으로 모인 곳에는 나도 <u>그들 중에</u> 있느니라."고 하시어서, 교회의 신적 권위가 결코 특정한 개인이 아니라 치리회인 회의체에 부여됨을 깨닫게 하셨다. 이 때문에 장로교회의 교회 정치는 항상 목사 개인으로나 혹은, 장로들로서만 시행되는 것이 아니라 가르치는 장로인 목사와 다스리는 장로인 치리 장로들로 이루어진 치

결국, 교회의 직원들에 의하여 실행되는 정치에 있어서도 가장 근원적인 중요성은 '말씀(즉, 성경의 진리)'에 있으며, 말씀의 사역자인 목회자의 권위 또한, 말씀을 통해 보장되는 것입니다. 이러한 말씀의 권위가 부족하거나 결여될 때 로마 가톨릭교회와 같이 목사 개인에게 신적인 권위를 부여하는 오류를 또다시 반복하게 되는데, 이러한 오류를 피하고자 신중하고 엄격한 목사 직분의 임직 절차를 두고 있는 것입니다. 그리고 이는 교회의 모든 직원들의 임직에 있어서도 기본적으로 동일한 것이지요.

하지만 무엇보다도 중요하며 분명한 교회 정치의 원칙은, 교회의 모든 제도와 체제가 바로 성경에 충실하게 성립되어야 한다는 점입니다. 교회의 모든 제도와 체제는 그 자체로 독립적으로 성립해서는 안 되며, 다만 하나님의 말씀인 성경의 진리를 잘 보존하고 계승하며 또한, 올바르게 실천하도록 수종적으로 성립하여야만 하는 것입니다. 한마디로 교회의 모든 제도와 체제, 그리고 구성원들이 하나님의 말씀인 성경에 기록한 바에 순종하는 모습이어야 하는 것이지요.

리회(당회, 노회, 그리고 임시적인 대회나 총회)를 구성하여 시행한다.

6.
우리는 과연 어떤 교회일까?

우리는 교회를 믿는가?

웨스트민스터 대교리문답의 61번째 문답을 보면 "복음을 듣고서 교회에서 생활하는 모든 사람들이 구원을 받습니까?"라고 물은 후에 답하기를, "복음을 듣고서 가시적인 교회 안에서 생활하는 사람들이 모두 구원을 받는 것이 아닙니다. 오히려 비가시적인 교회의 참된 지체인 사람들만이 구원을 받습니다."라고 한 것을 볼 수가 있습니다. 이 지상의 가시적인 교회에 속한 사람들이 모두 구원에 이르는 것이 아니며, 오히려 하나님 안에 유일하게 있는 천상의 교회인 비가시적 교회에 속하는 참된 지체들이 구원에 이른다는 것입니다. 그런즉 이 지상에 존재하는 무수히 많은 수의 신자들과 그들이 속한 지상의 가시적인 교회들은, 자신들과 교회가 사람의 눈으로 분간할 수 없는 천상적이고 비가시적이며 유일하고 참된 교회에 속하기를 추구하여야 마땅한 것입니다. 그리고 이러한 맥락으로 볼 때, 이 지상에 있는 가시적인 교회는 단순히 사람들의 모임이나 무리(a company)가 아니라 "참된 신앙을 고백하는 모든 사람들과 그들의 자녀들로 이루어진 하나의 단체(a society)"(웨스트민스터 대교리문답의 62번째 문답)임에 틀림이 없는 것이지요.

● 당신이 속한 가시적인 교회가 천상의 교회이자 참된 교회인 비가시적 교회에 속하는 근거는 무엇입니까?

그렇다면 무엇이 "참된 신앙(the true religion)"일까요? 이미 앞서 살펴본 바와 같이, 참된 신앙이란 하나님의 말씀인 '성경'에 기반을 두고서 그것에 충실하게 살아가는 신앙입니다. 즉, 우리가 참으로 믿는 것은 성경이 제시하는바 "사람이 하나님에 관하여 믿어야 할 바가 무엇인지"(웨스트민스터 소교리문답 제3문답)에 관하여, 그리고 "하나님께서 사람에게 요구하시는 의무가 무엇인지"에 관한 이해와 숙지 가운데서 살아가는 신앙이 바로 참된 신앙이며, 그러한 신자들과 그들의 자녀들로 이뤄진 단체를 가리켜서 '교회'(가시적인 교회)라고 하는 것입니다. 아울러서 그러한 교회는 수없이 많고 다양한 각각의 모임들로 존재하는 것이 아니라 한 분이신 하나님께서 주신 성경에 대한 하나의 이해와 숙지를 바탕으로 하는 하나의 공통된 신앙과 회집으로써 이 지상에 흩어져 있는 것이지요.

하지만 신자들의 믿음의 대상은 이 땅의 가시적인 '교회'가 아니라 '하나님'입니다. 웨스트민스터 총회에서 중요한 신학적 입장을 견지하였던 신학자 윌리엄 트위스(William Twisse. 1577-1646)가 그의 교리문답에서 "당신은 왜 '나는 교회가 존재함을 믿는다'고 하면서 '나는 교회를 믿는다'고는 말하지 않습니까?"라고 물은 후에 답하기를, "우리는 교회가 있음을 믿지만, 교회를 믿는 것이 아니라(believe not in the Church) 하나님을 믿습니다. 교회는 기껏해야 사람들의 무리일 뿐입니다."라고 말한 것처럼 말입니다. 우리의 믿음과 신뢰의 가장 직접적인 대상은 이 땅의 가시적인 교회나 직원들이 아니라 다만 하나님이라는 말입니다.

● 이 지상의 교회에 세워진 직분자들은 믿거나 신뢰할 만한 대상이 전혀 아닙니까?

● 그렇다면, 당신이 이 지상의 교회에 세워진 직분자들에 대하여 신뢰와 믿음을 표하는 근거는 무엇입니까?

사실, 이 지상에 있는 가시적인 교회는 '전투하는(militant) 교회'이지, '승리하는(triumphant) 교회'가 아닙니다. 현세에 이 지상에 있는 하나님의 자녀들로 이뤄진 무리인 전투하는 교회는, 세상과 육체, 그리고 마귀에 대항해서 주님의 전쟁을 벌이는 무리이기에 완전한 교회가 아닙니다. 그러므로 현세의 이 지상에 하나님의 교회가 분명하게 존재함을 믿음에도 불구하고, 신자들은 그런 교회를 믿는 것이 아니라 다만 하나님에 대한 믿음 가운데서 항상 교회가 존재함을 믿을 뿐입니다. 마찬가지로 교회에 세워진 직분자들에 대한 신뢰와 그에 대한 믿음은 상대적인 것으로서, 특별히 하나님의 말씀에 따르며 부합하는 것에 근거하여 존중하며 신뢰하는 것이지요. 즉, 교회의 직분자들이 성경의 교훈과 가르침에 부합하게 행하는 한, 회중은 그들을 존경하고 신뢰하는 태도를 보이는 것이 마땅한 것입니다. 반면에 로마 가톨릭교회에서는 전투하는 교회와 승리하는 교회를 이 지상에서 일치시켜서 그러한 교회로서의 로마 가톨릭교회에 대한 믿음, 그리고 로마 가톨릭교회의 사제들에 대한 전적인-즉, 무조건적- 믿음을 가르쳤습니다.

● 사도신경(Symbolum Apostolicum)에서는 어떠한 교회를 믿는다고 고백합니까?[42)]

● 우리 주변에서 볼 수 있는 교회의 신자들은 대체로 어떤 교회를 믿는다고 고백합니까?[43)]

앞서 설명한 바와 같이 완전한 교회는 천상의 승리하는 교회입니다. 그리고 그러한 교회는 본질적으로 비가시적인 교회입니다.

즉, 하나님의 택하심 안에서 오직 하나인 교회인 것입니다. 그러므로 사도신경을 통하여 우리는 하나의 보편적 교회(거룩한 공교회)가 이 지상에 존재하고 있음을 믿음 가운데서 고백하는 것이지요.

그러나 지상에 있는 교회들이 모두가 다 보편적 교회의 거룩함 가운데 속하는 것은 아닙니다. 오히려 지상의 가시적인 교회들은 웨스트민스터 신앙고백 제2장 항에서 고백하는바 "하늘 아래의 가장 순수한 교회라 할지라도 혼합과 오류 모두에 빠질 수 있다. 그리고 어떤 교회들은 그리스도의 교회가 아니라 사탄의 공회(Synagogues of Satan)가 될 만큼 타락해 버렸다."는 문구처럼 늘 불완전합니다. 그러므로 우리는 로마 가톨릭교회의 가르침과 같이 교회를 믿는다고만 고백하는 것이 아닙니다. 비록, "그럼에도 불구하고 이 지상에는 하나님의 뜻에 따라 하나님을 예배하는 교회가 항상 존재할 것"이라는 웨스트민스터 신앙고백 제25장 5항의 이어지는 문구가 있을지라도, 우리는 본질적으로 지상의 교회가 아니라 하나님을 믿는 것입니다. 그리고 그 말인즉, 참된 교회는 전적으로 사람이 아니라 하나님의 주권 가운데 속하여 있다는 말입니다. 사람이 이 지상에서 얼마든지 가시적인 교회로 모일 수 있을지라도, 그 모임은 세상과 육체의 소욕, 그리고 마귀에 대항하여 주님의 전쟁을 벌이는 전투하는 교회이자 사람들의 무리(a company)에 지나지 않은 것입니다. 하지만 그럼에도 불구하고 하나님께서는 하나의 교회를 소유하고 계시며, 세상 끝날까지 그 교회를 소유하실 것이기에 우리는 교회에 대한 믿음-참된 교회가 지상에 가시적으로 드러나 있다는 믿음- 또한 지닐 수 있는 것이지요.

● 하나님에 대한 믿음과 교회에 대한 믿음을 당신은 어떻게 함께 지닐 수가 있는지 설명하여 보십시오.

이 지상에서 우리 자신의 믿음이란 항상 불완전한 것입니다. 심지어 하나님에 대한 믿음조차도 이 지상에서는 늘 불완전하고 흔들리기 쉽습니다. 하물며 "기껏해야 사람들의 무리일 뿐"인 교회에 대한 믿음이란, 언제든지 흔들리고 불완전한 것이 어쩌면 당연하다고 말할 수 있을 것입니다. 그러나 사실, 하나님에 대한 믿음이든 교회에 대한 (부수적인) 믿음이든 간에 모든 믿음은 기본적으로 하나님 자신에 대한 믿음입니다. 즉, 하나님이 어떤 분이신가? 얼마나 사랑이 많으시며 신실하신가 하는 것에 대한 믿음인 것이지요. 그러므로 우리는 참된 믿음이란, 우리 자신에게서 나오는 것이 아니라 하나님으로 말미암는 것이라고 말할 수 밖에 없습니다. 우리 믿음의 연약함과 어리석음에도 불구하고, 하나님의 능력과 지혜로우심, 그리고 자비와 사랑에 관한 믿음이 성령으로 말미암아 은혜로 제공되는 것이기에 비로소 우리 자신의 믿음에 관하여서도 믿을 수-신뢰하고 확신할 수-가 있는 것입니다.

지상에 있는 가시적인 교회의 속성

웨스트민스터 신앙고백 제25장은 "교회에 관하여" 다루고 있는데, 제25장 1항은 "공교회 또는 보편적 교회"에 관하여 다루면서 그러한 보편적 교회는 "비가시적인(invisible, 눈에 보이지 않는)" 교회라고 언급했습니다. 또한, 2항에서는 "가시적인(visible, 눈에 보이는)" 교회에 관하여 다루고 있는데, 그러한 교회를 가리켜서 "온 세상에 걸쳐서 참된 신앙을 고백하는 모든 자와 그들의 자녀들로 이루어져 있다"고 했습니다. 즉, 개별 교회 자체를 주목하고 있는 것이 아니라 "온 세상에 걸쳐서 참된 신앙을 고백하는(that profess the true Religion)" 사람들로서의 보편적인 교회에 주목하여 설명하고 있는 것입니다. 그러므로 이 지상에 있는 가시적인 교회라고 할 때, 웨스트민스터 신앙고백은 개별 교회들을 직접적으로 염두에 두고 있는 것이 아니라 "참된 신앙을 고백하는" 것을 전제로 하는 온 세상의 "공교회 또는 보편적인 교회"를 더욱 직접적으로 염두에 두고 있는 것이지요. 그리고 그러한 교회는 본질적으로 '하나(uni)'의 교회입니다. 즉, "참된 신앙고백"이라고 하는 본질에 의하여 하나로 구별되며 연합된 유일한 교회를 지칭하는 것이지요. 그런즉 너무도 많은 교단과 교파로 구분되어 있는 현대의 장로교회들의 모습은, 웨스트민스터 신앙고백에서 설명하고 있는 교회(공교회 혹은 보편교회로서의 교회)에 대한 고백과는 너무나도 거리가 먼 것입니다.

하지만 그럼에도 불구하고 지상에 있는 보편적인 교회인 가시적 교회는 '거룩함(holy)'과 '보편적(Catholic) 속성', 그리고 그러한 보편적 교회의 지체들 사이의 '교통(communion)'이라고 하는 세 가지의 속성들을 내포하고 있습니다. 종종 이러한 교회의 속성들을 개별 교회들에 그대로 적용하여 이해하고 설명하는 경우가 있지만, 그러한 이해나 설명은 항상 '보편적 교회'에 속하는 요인인 '참된 신앙'이라고 하는 공통분모를 반드시 전제하여야만 합니다. 바로 이러한 의미를 간과하거나 무시한 것이 천주교(天主敎)라 불리는 '로마 가톨릭교회(Ecclesia Catholica Romana)'인데, 공교회 혹은 보편교회라는 뜻의 '가톨릭(Catholica)'이라는 용어를 그들이 사용하는 것은, 그들의 교회만이 역사적으로 참되고 보편적인 교회임을 의미하고 있는 것입니다. 반면에 웨스트민스터 신앙고백을 바탕으로 하는 장로교회의 교회론에서 공교회 혹은 보편교회는 이 지상에 있는 가시적인 교회 자체가 아니라, 거룩함과 보편적인 속성, 그리고 교통함의 정도에 따라서 "때때로 더욱, 때때로 덜 가시적"으로 드러난다(웨스트민스터 신앙고백 제25장 4항)고 한 문구에서 알 수가 있듯이, 지상의 교회와 보편교회를 완전하게 일치시켜서 언급하지 않습니다. 오히려 개혁한 교회로서의 프로테스탄트 교회인 장로교회는 "개혁된 교회는 항상 개혁되어야 한다(Ecclesia semper reformanda est)"는 종교개혁의 정신을 계승하여 지상에 있는 가시적인 교회들이 최대한 시간과 공간을 초월하여 존재하는 보편교회와 일치하기를 힘쓸 뿐입니다. 역사적으로 가장 잘 개혁된 신앙의 교리와 그에 따른 실천-웨스트민스터 예배모범과 교회정치 형태에 관한 문서가 대표적-을 계승하고 유지하려는 수고와 노력에 힘쓸 뿐, 이 지상에 있는 개별 교회들 자체를 보편교회의 속성들과 직결시켜서 이해하거나 설명하지 않는 것이지요. 그러므로 교회에 대한 어느 정도의 믿음조차도, 하나님에 대한 믿음으로 말미암아 비로소 지닐 수가 있는 것입니다.

● 당신이 속한 교회는, '거룩함'에 있어서 얼마나 더 (혹은 덜) 눈에 드러난다고 생각합니까?

● 당신이 속한 교회는, "믿음의 거룩함"을 얼마나 잘 드러내고 있습니까?

● 당신이 속한 교회는, "삶의 거룩함"을 얼마나 잘 드러내고 있습니까?

　우리는 종종 '거룩함'을 막연하고 피상적으로 이해하곤 합니다. 예컨대 신비적이거나 감정적인 이미지로 생각하곤 하는 것입니다. 무엇보다도 '믿음'이라는 것을 바라고 소망하는 바를 확실하게 기대하는 어떠한 감정의 상태로, 그리고 '성화'라는 것을 그러한 감정이 완전하고 충만하게 지속하는 상태인 것으로 이해하는 경우를 볼 수가 있습니다. 마찬가지로 교회의 거룩함과 보편적 속성, 그리고 교통함에 관하여서도 너무나도 빈약하게 이해하고 있는 경우가 대부분입니다. 즉, 개별적인 교회들 자체가 그러한 거룩함과 보편성을 지니고 있으며, 그러한 교회의 교통함조차도 개별적인 교회 자체의 성도들 간에 이뤄지는 교제인 것으로 이해하곤 하는 것입니다. 하지만 우리가 속한 개별적인 교회의 실상을 보면, "지상에서는 가장 순수한 교회라 할지라도 혼합과 오류 모두에 빠지곤 한다. 그리고 어떤 교회 교회들은 그리스도의 교회가 아니라 사탄의 공회가 될 만큼 타락하였다."라고 한 웨스트민스터 신앙고백 제25장 5항의 언급을 고스란히 확인할 수 밖에 없는 실정입니다. 더구나 "주 예수 그리스도 외에 교회의 다른 수장(Head)은 없다"고 한 6항의 언급에도 불구하고, 개별 교회들마다 담임목사 혹은 실질적인 영향력을 행사하는 장로들이 교회의 실질적 수장으로 자리한 실정이지요. 그러므로 6항 후반부의 "교회 안에서 그리스도와 하나님이라 칭하는 모든 것들을 대적하여 자기 자신을 높이는 적그리스도요, 불법의 사람, 곧 멸망의 아들일 뿐"이라는 문구는, 교황만이 아니라 개별 교회들에서 실질적인 수장의 자리에 있는 모든 자들에 대한 반대이자 경고의 의미를 담고 있는 것입니다.

● 당신이 속한 교회의 실질적인 수장이 있습니까?

● 당신이 속한 교회에서 실질적인 수장을 두지 않고 주 예수 그리스도를 수장으로 모실 수 있는 방편은 무엇입니까?[44]

그리스도의 교회에 있는 모든 제도(장로회 제도)와 직분들은 기본적으로 수종(隨從)적입니다. 즉, 사람의 임의적인 생각과 판단에 따라서 이루어지는 것이 아니라 다만 하나님의 말씀과 계명에 따라서만 수행하여야 하는 제도와 직분들인 것입니다. 마치 왕의 명령을 받드는 신하들의 모습과 같은 것이지요. 그러므로 교회를 운영하는 제도와 직분들은 철저히 성경에 근거하여야만 하는 것입니다. 성경에 규정되어 있는 교회의 제도-장로회 제도-가 무엇이며, 성경이 요구하는 직무와 직분이 무엇인지를 명확히 알고서 그대로 따라야 마땅한 것이지요. 그리고 이에 따르면, 교회의 성도들과 직분자들에게 가장 먼저 요구되는 것은 겸손과 자기 부정의 자세입니다. 교회의 목사와 장로들은 자신의 생각과 판단에 따라 다스리는 것이 아니라 성경에 기록한바 하나님의 말씀과 뜻에 따라 회중을 다스려야만 하며, 회중들 또한 자신들의 생각과 판단을 앞세우는 것이 아니라 하나님의 말씀에 따라야만 하는데, 그러한 모습은 당연하게 온유와 겸손의 태도일 수밖에 없는 것이지요. 따라서 참된 교회의 일꾼들인 직분자들은 "너희 중에 있는 하나님의 양무리를 치되 억지로 하지 말고 하나님의 뜻을 따라 자원함으로 하며 더러운 이득을 위하여 하지 말고 기꺼이 하며, 맡은 자들에게 주장하는 자세를 하지 말고 양 무리의 본이 되라."고 한 벧전 5:2-3절의 말씀을 따르며, 회중들 또한 직분자들의 치리에 순응하거나 반대되는 의견을 표출할 때에 "장로들에게 순종하고 다 서로 겸손으로 허리를 동이라 하나님은 교만한 자를 대적하시되 겸손한 자들에게는 은혜를 주시느니라."고 한 벧전 1:5절의 말씀을 따라서 최대한의 겸손과 온유로 행하는 것이지요. 이 지상에서 영적인 전투를 벌이고 있는 가시적인 교회의 '거룩함'이라는 것은, 이처럼 하나님의 말씀에 따르는 모습과 태도로서의 거룩함인 것입니다.

● 당신이 속한 교회가 보여주는 거룩함은 어떤 것입니까?

● 교회에서 당신이 보이는 거룩함은 어떤 것입니까?

교회의 거룩성은 곧장, 교회의 보편성(catholicity)과 연계됩니다. 교회의 거룩함이란, 단순히 개별 교회의 거룩성을 일컫는 것이 아니라 보편적 교회의 거룩함이기 때문입니다. 즉, "하나님의 택하심" 가운데 모인 백성들이 드러내 보이는 거룩함이야말로 진정한 교회의 거룩함인 것입니다. 우리가 사도신경에서 고백하는바 교회에 대한 믿음은, 개별 교회에 대한 믿음이 아니라 "거룩한 공교회(Holy Catholic Church)"에 대한 믿음의 고백이라고 했지요? 마찬가지로 교회의 지체들 사이의 교통(교제) 또한 기본적으로 공교회적인 것으로서, 단순히 믿음이 있는 부모와 자녀들 사이의 혈연 안에서의 자연적인 교제나 정부(government) 혹은 시민적인(civil) 교제만을 가리키는 것이 아니라, 무엇보다도 '영적인 교제(spiritual communion)'를 가리키는 말입니다. 그러므로 주님께서는 요 17:11

절에서 "나는 세상에 더 있지 아니하오나 그들은 세상에 있사옵고 나는 아버지께로 가옵나니 거룩하신 아버지여 내게 주신 아버지의 이름으로 그들을 보전하사 우리와 같이 그들도 하나가 되게 하옵소서."라고 하시어 영적인 교제에 관하여 언급하셨던 것이지요. 또한, 엡 4:3절에서 사도는 주님이 말씀하신바 하나가 되는 것에 관하여 이르기를 "평안의 매는 줄로 성령이 하나 되게 하신 것"이라고 했습니다. 바로 이러한 영적인 교제가 거룩한 하나님의 공교회 가운데서 발생하는 교제입니다.

물론, 이러한 교제는 영적이기만 한 것은 아닙니다. 하나님의 영으로 말미암은 교제가 뿌리라면, 그 열매인 은혜와 은사들은 "하나님의 말씀과 성례"라고 하는 외적인 것과 더불어서 믿음과 소망, 그리고 사랑이라는 세 가지 신학적인(Divine) 덕목들, 그리고 성화와 관련된 모든 도덕적 덕목들로 이뤄져 있으므로, 이 지상에 있는 개별 교회들은 주로 예배와 관련되어 있는 말씀과 성례, 그리고 신앙의 삶에 관련된 신학적 덕목들과 도덕적 덕목들에 있어서 일치를 이루도록 힘써야만 하는 것이지요. 수많은 역사와 신앙의 전통들 가운데 계승되는 일치된 신앙-곧, 교리의 일치-과 더불어서 도덕적 거룩함에 있어서도 일치된 결실을 맺도록 힘쓰는 것이 바로 공교회적 일치와 연합으로서의 교제인 것입니다. 또한, 바로 이러한 의미에서의 교회 가운데에 진정한 구원의 방편들이 담겨 있습니다.

● 우리 시대의 교회들이 얼마나 공교회적이라고 보십니까?

● 여러분이 속한 교회(가시적인 개별 교회)는 과연 얼마만큼이나 참된 교회인 공교회에 속한다고 보십니까?

예수 그리스도께서는 눅 12:56절에서 모인 무리에게 이르시기를 "외식하는 자여 너희가 천지의 기상은 분간할 줄 알면서 어찌 이 시대는 분간하지 못하느냐"고 말씀하셨는데, 마찬가지로 현대의 많은 교회들 가운데서도 가시적인 이적과 표적들을 추구할 뿐, 이미 우리의 손에 들려있는 하나님의 말씀과 그 가운데 제시된 진리의 교리들에 대해서는 도무지 무지한 경우들을 볼 수가 있습니다. 그러므로 우리의 눈에 보이는 많은 교회적인 모임들이 과연 진정한 교회인가에 대한 의구심을 갖지 않을 수 없는 실정입니다. 특히나 하나님의 말씀을 선포하고 가르치는 일과 성례의 집례를 담당하는 중요한 직분인 목회자의 자질과 은사에 대한 검증이 거의 사라져 버린 실정에서, 과연 우리가 어떻게 하나님의 거룩한 공교회에 속할 수 있는가에 대한 진정성 있는 물음과 답을 찾아야만 하는 시대입니다. 그러므로 참된 의미의 교회가 무엇인지, 그리고 그 교회에 속한 일원으로서 누리는 거룩함과 교제가 어떻게 이뤄지는지에 관한 깊은 지식과 지혜가 모든 성도들에게 요구되는 실정입니다.

● 교회당에서 말씀의 사역자가 회중과 나눌 수 있는 영적인 교제는, 구체적으로 어떤 모습이겠습니까?

● 교회당에서 회중이 말씀의 사역자 및 직분자들과 나눌 수 있는 영적인 교제는, 구체적으로 어떤 모습이겠습니까?

우리 시대의 기독교는 교회의 가장 중요한 직분인 목사의 지식과 지혜-사실은 은혜-가 절실히 요구되고 있습니다. AI가 얼마든지 설명할 수 있는 지식적인 것들이 아니라, 하나님의 말씀을 사모하는 열렬한 심령으로 가득 찬 사역자의 영혼에서 흘러넘치는 영적인 지혜에 바탕을 둔 생명력 있는 지식이 요구되고 있는 것입니다. '이신칭의(Justification by faith)'의 교리만이 교회를 세우고 무너뜨리는 기초인 것이 아니라 이를 이해하고 믿으며 또한, 가르치는 사역자의 청빙과 헌신이야말로 교회를 세우는 첫걸음입니다. 하지만 그럼에도 불구하고 우리 시대-특히 한국의 기독교 역사-는 교회를 세우는 사역자들의 양성과 임직에 대하여 너무나도 방만하였습니다. 마찬가지로 교회의 회중 또한 교회의 직분자를 선발하고 세우는 일에 대하여 너무나도 무지하였습니다. 마침내 수많은 교회당에서 분란과 갈등이 일어나고 있고, 급기야 세속 법정의 판결 외에는 도무지 교회당에서의 분쟁을 수습할 방법이 없다시피 한 지경에 이르렀습니다. 이에 따라 '교회란 무엇인가?'라는 물음이 도처에 제기되고 있으나, 우리가 속한 교회를 가리켜서 '가시적인 교회'라 칭하는 이유와 그 맥락조차도 제대로 설명하거나 이해하는 경우가 드문 실정이지요. 교회가 무엇인지 제대로 알지 못하면서 교회로 모일 뿐이었으니, 교회답지 못한 교회당들에서 일어나는 분쟁은 어쩌면 당연할 것입니다. 그러므로 이 작은 교제를 통하여서 그러한 현실의 직시와 함께 참된 교회에 관한 안목을 스스로, 그리고 온 성도들과 함께 공유할 수 있기를 기도하며 소망하는 바입니다. 비록 이 교재에서 다룬 설명과 이해가 지극히 기본적인 것들이라 하더라도, 성경이 규정하여 제시한 교회란 무엇인지? 그리고 그러한 교회에 대한 이해를 바탕으로 분별할 수 있는 교회의 제도와 운영에 관련하여 교회의 표지들이 어떻게 연계되어 있는지를 파악할 수 있다면, 그 가운데서 진정한 교회이자 참된 교회인 비가시적 교회의 구체적인 모습까지 확실하게 바라볼 수 있을 것으로 기대하며, 우리 시대의 기독교와 교회들을 생각하며 함께 기도하며 소망할 수 있기를 바랍니다. **고백과 문답**

부록 1
종교개혁자들과 규정적 원리

by William Cunningham

윌리엄 커닝햄(William Cunningham)은, 1847년부터 1861년 사망할 때까지 에딘버러 뉴 칼리지의 교장으로 활동한 스코틀랜드의 가장 위대한 신학자 중 한 사람이었다. 우리에게는 '역사 신학'(Historical Theology)이라는 저술로 널리 알려져 있으며 폭넓은 학식, 깊이 있는 복음주의적 통찰력, 사고의 정확성, 활기차고 당당한 문체를 갖춘 커닝햄은 생애의 첫 20년 동안에 스코틀랜드 자유교회의 워필드(Benjamin Breckinridge Warfield, 1851-1921), 즉 거의 스코틀랜드의 장 칼뱅(Jean Calvin, 1509-1564)과도 같은 사람이라고 말할 수 있는 걸출한 인물이었다.

서문

19세기 초에 스코틀랜드의 신학자 존 딕(John Dick)은 그의 '신학

강의'(Lectures on Theology, 4권, p. 324,
1838)라는 책에서 교회에 관하여 기
록하기를, "어떤 사람들은 교회정치
(the government of the Church)가 유동적
이라고 생각했다. 즉, 그것들이 의미
하는 바는 정확한 형식[교회정치의 형식]
이 규정되어 있지는 않으며, 또한 다
른 나라의 분위기, 관습, 시민 헌법에
적응시키거나, 상황에 따라서 형식을
변경하는 것 등은 사람의 지혜에 맡
겨져 있다고 보았던 것이다. 이것은
그 주제에 대한 모든 논쟁들을 종료
하는 대략적인 양식이다."라고 했다.
청교도신앙이 쇠퇴한 이후로 잉글랜
드에서는 교회 문제들을 다루는 이러

월리엄 커닝햄(William Cunningham)
은, 1847년부터 1861년 사망할 때까
지 에딘버러 뉴 칼리지의 교장으로 활
동한 스코틀랜드의 가장 위대한 신학
자 중 한 사람이었다. 우리에게는 '역
사 신학'(Historical Theology)이라는
저술로 널리 알려져 있으며 폭넓은 학
식, 깊이 있는 복음주의적 통찰력, 사고
의 정확성, 활기차고 당당한 문제를 갖
춘 커닝햄은 생애의 첫 20년 동안에 스
코틀랜드 자유교회의 워필드(Benja-
min Breckinridge Warfield, 1851-
1921), 즉 거의 스코틀랜드의 장 칼뱅
(Jean Calvin, 1509-1564)과도 같은
사람이라고 말할 수 있는 걸출한 인물
이었다.

한 관용주의의 방식(latitudinarian way)이 많은 지지를 얻었지만, 스
코틀랜드의 경우에 있어서는 19세기 후반에 이르러서야 성경만이
교회의 규칙이 되는 것이라고 하는 역사적인 입장을 포기하려는
시도가 광범위하게 이루어졌다. 이러한 새로운 관점을 대중화시
킨 대표적인 인물 가운데 한 사람인 존 툴록 박사(Dr. John Tulloch)*

---

* 존 툴록(John Tulloch, 1823-1886)은 스코틀랜드의 신학자로서, 그가 반복적으
로 주장한 두 가지 입장은 첫째로, 교회는 다양한 견해와 경향을 포괄해야하며 특
별히 국가 교회(a national church)는 국가에서의 모든 생활 요소들을 대표하려고

는, 1859년에 출간한 '종교개혁의 지도자들'이라는 책에서 다음
과 같은 주장을 펼쳤다. "기독교인의 성경은 신적인 진리의 계시이
지 교회 정치의 계시인 것이 아니다. 그것들은 그러한 교회정치 체
제의 개요를 제시하는 것이 아닐 뿐만 아니라, 또한 적절하고 결정
적인 암시조차도 제시하지 않는다. 그리고 무엇보다도 만일에 그
렇게 했다고 한다면, 기독교적 정신에 전적으로 위배되는 일이 되
었을 것이다. 또한 사실의 관점에 있어서, 인류 진보라는 조건들은
정부, 교회 혹은 시민들에 관한 어떠한 변함도 없는 체제의 부과를
인정하지 않기 때문이다." 이에 대해 에든버러에 있는 뉴 칼리지
의 교장이었던 윌리엄 커닝햄(William Cunningham)은, The British
and Foreign Evangelical Review에서 날카롭게 답변했는데,
그 기사는 그의 사후에 발간된 1862년판 The Reformers and
the Theology of the Reformation에 다시 소개되었다. 툴록에
대한 이러한 답변으로부터 성경의 규정적 원리(the regulative princi-
ple of Scripture)에 대한 다음의 진술들이 취해진 것이다.

노력해야한다는 것, 둘째로, 신조에 대하여 동의하다고 하여 그 신조의 모든 세부
사항들에 대해 구속되는 것은 아니며, 다만 상징하는 것의 맥락과 본질 또는 그 정
신에 대해서만 구속될 뿐이라는 것이었다. 한마디로 국가 교회는 특정한 교파나 신
조만이 아니라 모든 국가 내의 종교적 요소들을 대표하여야 하는 것으로 인식되었
으며, 특히 신조에 대한 동의는 신앙과 삶의 광범위한 적용과 실천으로서의 규정적
인 것이 아니라 포괄적이며 상대적인 의미로서 인식되었던 것이다. 그의 주요 저서
인『합리적 신학과 기독교 철학』(1872)은 케임브리지 플라톤주의자들과 다른 17세
기 관용주의자들의 방식을 다루고 있다. [역자주]

종교개혁자들과 규정적 원리

종교개혁자들이 일반적으로 교회의 조직에 대해 가졌던 견해 중에는, 느슨하고 위선적인 경향을 가진 사람들에게 항상 극심한 불쾌감을 주었던 두 가지의 견해가 있었다. 즉, 성경에 의해 확실하게 보증되지 않은 것을 교회의 예배와 정치의 규정에 도입하는 것이 불법이라고 하는 주장과, 또한 특정한 형태의 교회 정치에 대한 영구적이고 구속력 있는 의무를 주장하는 것이었다. 이러한 원리들 가운데서 두 번째 원리는 어떤 측면에서는 첫 번째 원리에서 이해된 것으로 간주될 수 있을 것이다. 그러나 지금 언급된 순서대로 개별적으로 몇 가지를 관찰을 하는 것이 적절할 수 있다.

개혁자들 가운데서 루터파와 성공회 측은 이러한 주제에 대하여 칼뱅에 의해 인정된 것보다 다소 느슨한 견해를 가졌었다. 그들은 일반적으로 교회가 정당하게 교회정치와 예배 가운데 혁신을 도입할 수 있다고 보았는데, 이는 성경에 명시적으로 금지하거나 부정할만한 어떤 내용이 있음을 보여줄 수 없다면, 그러한 혁신은 유용한 것이라고 볼 수 있다고 주장했으며, 따라서 성경에 관한 한에 있어서 혁신의 도입에 반대하는 사람들에게 그것을 입증할 책임(onus probandi)이 있다고 보았다. 하지만 그들의 위대한 스승을 따라서 칼뱅주의적인 종교개혁자들은 더욱 엄밀한 규칙을 채택했는데, **성경 그 자체에서 충분히 명백하게 지시한 바가 있으며, 성경에서 찾을 수 있는 확실한 보증이 없는 한 교회의 정치와 예배**(the government and worship)**에 어떠한 것도 도입해서는 안 된다는 것**이 그리스도의 생각과 뜻이라는 견해를 가졌다. 이러한 원리는 잉글랜드 청교도들과 스코틀랜드 장로교도들에 의하여 채택되고 실행되었으며, 또한 우리는 이것이 이 문제에 적용할 수 있는 유일하며, 참되고 안전한 원리라고 확신하는 바이다.

그 원리는 어떤 의미에서 매우 광범위하고 포괄적인 것이다. 그러나 그것은 순전히 금지하는 것 혹은 배타적인 것이며, 또한 만일에 그것이 완전하게 수행된다면 그것의 실질적인 효과는 우리가 어떠한 정보 수단을 얻을 수 있는 한 **사도들이 교회를 남겨두고 떠난 상태 그대로를 유지하는 것**-확실히 그러한 결론은 자신의 발명품으로 교회를 개선하고 장식할 수 있는 매우 뛰어난 권한을 자신이 지니고 있다고 생각하는 사람들을 제외하고는, 크게 놀랄 필요가 없는 것-이다. 그 원리는 상식적인 방식으로 이해해야 하며, 또한 우리는 그 진리에 대한 사리에 맞는 증거에 만족해야 한다. 어떤 이유에서든 이러한 원리를 싫어하는 사람들은, 보통 그것에 대해 매우 엄격한 해석을 가함으로써, 혹은 이를 입증하기 위하여 불합리할 수밖에 없는 결과로써의 증거가 요구되도록 함으로써 우리들을 곤란에 빠뜨리려고 한다. 하지만 그 원리는 상식적으로 해석되고 설명되어야 한다. 그것에 대한 한 가지 명백한 수정 가능의 경우가 웨스트민스터 신앙고백의 첫 장에서 제안되는데, "하나님께 대한 예배와 교회의 정치에 관해서는 인간의 행동과 사회에 공통된 몇 가지 상황들이 있으며, 이는 항상 준수해야 하는 말씀의 일반적인 규칙들(rules of the Word)에 따라서 자연의 빛(light of nature)과 그리스도인의 사리분별(Christian prudence)에 따라 질서 있게 이루어져야 함"을 규정하고 있다. 그러나 이러한 상황과 환경(things and circumstances) 사이의 구별조차도 항상 분명하게 적용될 수는 없었다. 즉, 제안된 규정(regulation) 혹은 합의(arrangement)가 새로운 혁신의 방식에 있어서도 분명한 것인지, 혹은 단순히 승인된 것에 추가적으로 첨부하여 규정하는 것이 필요한 것인지에 대한 의견 차이의 여지가 있을 수 있는 경우가 발생한 것이다. 원리의 해석과 적용에 있어 건전한 판단과 양식(good sense)이 적용되는 경우라 하더라도 세부적인 사항들에 대해서는 어려움과 의견 차이가 일어날 수가 있는 것이다. 그러나 이것이 원리 그 자체의 진실성 혹은 건전성(truth or soundness)을 부인하거나 의심할 근거를 제공하는 것은 아니었다.

이러한 종류의 질문들에 관해서는 편향된 생각에 빠지기 쉬운 서로 반대되는 양극단이 있는데, 이 두 가지는 모두 경계하여야 한다. 그 하나는 일반적인 원리를 엄격하고 집요하게 고수하는 것으로써, 그것을 적용할 때에 허용해야 하는 제한이나 조건을 전혀 인정하지 않는 것이다. 그리고 다른 하나는 그 원리가 일부의 예외나 가감이 없이는 명백하게 실행될 수 없다는 이유만으로 그 원리에 대하여 진리 혹은 온전함이 없는 것처럼 원칙을 완전히 거부하는 것으로, 왜냐하면 그 적용의 세부적인 사항들 가운데 일부에 대해서는 항상 쉽게 해결할 수 없는 어려움이 제기될 수가 있기 때문이라는 것이다. 이들 두 가지 극단적인 사례들은 이러한 원칙과 관련하여 종종 나타났었다. 얼핏 둘 다 논리상 당연하게 보이겠지만, 그러나 둘 다 불합리하며, 또한 둘 다 온전한 판단력이 결여되어 있음을 보여주는 것이다. 하지만 그에 관한 올바른 방법은, 만일에 가능하다면 그 원리가 참된 것인지 여부를 확인하는 것이며, 또한 그 진리에 대한 충분한 증거가 있는 것으로 보인다면 합리적이고 신중하게 적용하려고 노력해야 한다는 것이다.

물론 그러한 원리가 진리임에 대한 성경의 증거와 관련하여, 우리는 그것이 매우 직접적이고 명시적이며, 또한 불가항력적이라고 주장하는 것은 아니다. 그것은 성경에서 명시적인 용어로 주장된 것들 외에는 아무것도 볼 수가 없는 조잡하고 감각적인 문자주의자들을 만족시킬만한 종류의 것이 전혀 아닌 것이다. 하지만 우리는 성경에 대한 편견이 없이, 성경이 가르치고자 하는 의도에 대한 합당한 인상(the fair impression)에 그들의 마음을 그 원리에 복종시킬 준비가 되어 있는 사람들을 설득하기에는 충분하다고 생각한다. **성경의 적극적인 인증을 받은 것으로 보이지 않는 것들을 교회 정치와 예배에 도입하는 것이 불법이라는 일반적인 원칙은, 하나님의 말씀으로부터 적절하고 필연적인 결과로서 추론될 수 있다고 생각하는 것이다.** 물론 우리는 당장의 증거들을 제시하려는 것이 아니라, 다만 그것을 찾을 수 있는 곳이 어디인지를 나타내주고자 할 뿐이다. 이러한 원리로서의 그러한 진리는 교회를 인도하기 위한 일반적인 규칙으로서, 성경이 신앙과 실천의 규칙으로서 그 자체로 충분하고 완전함에 관하여 가르쳐 주며, 그분을 어떠한 방식으로 경배해야 하는지를 결정하는 하나님의 배타적 권리에 관하여, 그의 나라의 헌법과 법률과 제도를 제정하시는 그리스도의 배타적 권리에 관하여, 자의적인 예배의 불법성에 관하여, 그리고 이 문제에 있어서 사람들이 자주, 또한 과감하게 빼앗은 직분에 대한 사람들의 완전한 부적절함에 관한 것들과 분명하게 연관되어 있는 것이다. 이러한 다양한 성경적 견해를 조합하여 공정하게 적용하는 것은, 다른 쪽의 증거가 전혀 필요 없음과 더불어서 한낱 인간의 발명품들을 기독교 교회 정치와 예배에 합법적으로 도입하는 것을 차단하기에 충분한 것으로 보인다.

교회의 외형과 관련하여 성경의 권위에 의해 정해진 것은 거의 없기 때문에, 경험이 암시하거나 교회의 다양한 상황들에 있어서 필요해 보이는 바에 따라 많은 부분들이 인간의 지혜에 의해 규정될 수밖에 없다는 가정에는 아무런 효력이 없다. 반대로 기독교와 교회에 대하여 성경이 제시하는 여러 견해들은, 그리스도께서 그의 사도들이 남겨두도록 인도하신 외형적인 질서들에 관련한 단순한 상태로써 그의 교회를 영구적으로 유지하도록 하셨음을 보여 준다. 그리고 사도가 말한 것처럼 **"하나님의 어리석음이 사람보다 더 지혜롭다."**는 것을 경험에 의해 더욱 완전하게 입증한 경우는 결코 없었으며, 많은 사람들에게 매우 그럴듯하고 현명해 보이는 것들이 사실은 완전히 어리석은 것이며, 그것이 사용되도록 의도한 본래의 목적을 오히려 망가뜨리는 경향이 있을 뿐이었다. 성경의 어떠한 보증도 없이 교회 정치와 예배에 도입된 수많은 인간의 발명품들 중에, 그러나 공언하건대 경험에 의한 지혜나, 특정 시대와 국가의 기독교 의식에 의해 교회의 위대한 목적에 기여하는 데에 적합하도록 제시된 것들 가운데 어떤 것도 그 의도된 목적에 기여할 여지가 있거나 실제로 기여했음을 그럴듯하게 보여줄 수 있는 것은 없었다. 미사(mass)에 참여함-당연히 우리가 유지하려는 원칙이 채택되지 않는 한, 그것들에 대하여 어떠한 제한도 가할 수가 없다-으로, 그것들은 교회의 가장 중요한 것들에 대하여 무서운 피해를 입혔다. 이 주제에 대한 오웬 박사(Dr. Owen)의 놀라운 진술이 있어서, 종종 인용되기는 했지만 그다지 자주 인용되지는 않았는데, 그것은 "교회는, 하나님께 대한 예배에 속하는 어떠한 것 혹은 예식에 있어서 그리스도께서 친히 제정하신 예식에 반드시 수반되어야 하는 것들을 준수하는 것을 넘어서는 내용이나 방식을 제정할 권한이 있다는 그 원리[즉, 로마 가톨릭의 미사에 대한 로마 가톨릭교회의 승인의 원리]는, 오랫동안 기독교 세계에 퍼져 있던 모든 끔찍한 미신과 우상 숭배, 모든 혼란, 피, 박해, 전쟁의 근저에 놓여 있는 거짓이라는" 것이다. 사람들이 그들의 지혜를 발휘하여 교회의 과거 역사에서 얻은 경험들을 바탕으로, 또는 (오늘날 널리 퍼진 견해와 어법에 우리의 진술을 맞추기 위해) 그들 자신의 기독교인으로서의 의식과 그들 자신의 영적인 재주와 분별력을 발휘하여 사도들이 남긴 교회의 누추함과 단순함을 개선할 수 있다고 생각하는 것은 의심할 여지없이 사람들의 자만심을 매우 기쁘게 하는 일일 것이다. 아마도 그러한 사람들을 대하는 가장 좋은 방법은, 지난 시대에 교회에

도입된 수많은 혁신들 중에서 종교에 대한 관심사를 유익하게 했다고 주장할 수 있는 준비가 되어있는 구체적인 사례들을 제시함으로써 그들 자신의 일반적인 원리를 예시하여 보여줄 것을 요청하는 것이라 할 것이다. 혹은 만일에 그들이 이를 거부한다면, 당연히 그들 자신이 고안하고 또한 도입하고 싶어 하는 것들의 유익한 특성과 그 경향을 지니고 있는 혁신의 표본들을 그들에게 요청해야 할 것이다. 그런 다음에 이러한 혁신이 선택된 것이든 발명된 것이든 간에 이러한 혁신을 가져오거나 시도했다면, 그들이 생각했던 것과는 정반대의 효과를 가져 오거나 가져올 수 있음을 입증하는 것은 그리 어려운 일이 아닐 것이다.

그런데 이러한 원리의 건전성과 중요성에 대한 평가의 결과치를 형성함에 있어서, 사람들을 잘못된 길로 이끄는 것으로 볼 수 있는 이상한 오류가 있다. 이 원리[즉, 규정적 원리]는 종종 관습과 의식, 복장과 음성, 십자가, 무릎 꿇기, 절하기 및 기타의 무의미한 것들과 같이 그 자체로 볼 때에 매우 중요하지 않은 문제에 대한 논의와 관련하여 종종 제기 되었기 때문에, 어떤 사람들은 그것이 이러한 것들의 본질적인 사소함을 포함하고 있다고 생각하며, 또한 그것을 옹호하고 이를 시행하려고 하는 사람들은 이러한 사소한 문제들에 대하여 다툼을 벌이는 데에 가장 적합한 일거리만을 찾고 있으며, 하나님의 권위와 성경의 증거를 그처럼 많으면서도 하찮은 점들에 적용하는 것에 큰 편견과 편협함을 보여준다고 생각하는 것 같다. 하지만 그럼에도 불구하고 많은 사람들이 잉글랜드의 청교도들과 스코틀랜드의 장로교도들의 이러한 견해를 호의적으로 받아들였으며, 또한 이러한 원리를 지속하려는 바탕을 크게 형성하고 있다. 이제 그러한 생각을 차단하거나 무효화하려면, 우리가 이미 신학적 논의가 끝난 것이라 생각하는 것처럼 첫째로, 그러한 원리가 성경 가운데서 충분하고 분명하게 가르쳐지고 있으며, 그러므로 교회적인 직무들의 규정으로 고백되고 적용되어야 한다는 것을 보여주기에 충분해야 한다. 둘째로, 그 자체로 볼 때에 그것은 과장되고 글자의 뜻에 구애를 받지 않으며, 또한 그것의 신적인 저자(divine Author)에게 온당치 않는 것처럼 보이지 않고, 하나의 신적인 제도(a divine institution)로서 교회의 위엄에 결코 부적합하지 않으며, 하나님께는 그에게 합당한 최상의 자리를, 그리스도의 몸인 교회에는 고결한 단순함과 순결함의 정당한 위치를 부여하는 것이어야 한다. 셋째로, 교회의 종말과 관련하여 숙고해 볼 때에, 그것은 인간 본성의 경향에 대한 계몽적이고 예리한 조사와 모든 과거 경험의 증언들이 제시하는 모든 것들에 완전하게 부합한다. 그리고 우리가 싸우고 있는 생각[혹은 인상. impression]의 주된 근거가 되는 위에서 언급한 연관성과 관련하여, 그것이 사실상 존재하는 한, 이는 원칙 자체나 그 지지자들의 성향에 기인함이 아니라는 것이 확실하게 명백하며, 그러나 이러한 원칙을 무시하고 인간의 발명품들(human inventions)을 교회의 정치와 예배에 끼워 넣거나, 일단 허용된 후에는 그것을 영구적으로 유지해야 한다고 주장하는 사람들의 행위에 대하여 그 책임이 있음에 명백하다. 이러한 원리는 어떠한 관습(rites)이나 예식(ceremonies), 혹은 조직(schemes)이나

196

준비(arrangements)도 실행할 수 없으며, 그러한 것들을 순전히 부정하고 금지함을 암시한다. 그러한 원리의 지지자들은 결코 새로운 혁신을 고안하거나 그러한 것들을 교회에 강요하지도 않는다. 그들이 지지하는 원리 자체가 이를 배제하기 때문이다. 이러한 원리를 거부하는 사람들은, 혁신을 발명하고 그것을 억지로 정착시키려는 바로 그러한 자들이다. 그러므로 이러한 것들로부터 야기되는 토론과 논쟁에서 발생하는 모든 해악들에 대한 책임은, 바로 그러한 자들에게 있는 것이다.

  사람들은 신약성경 가운데서 우리 앞에 제시된 교회 제도와 관련된 결함과 단점, 빈약함과 허술함을 고친다는 그러한 구실 아래서 끊임없이 교회정치(government)와 예배(worship)의 혁신과 개선을 제안해 왔다. 문제는, 이러한 제안들이 어떻게 수용되었어야 했느냐 하는 것이다. 그에 대한 우리의 대답은, 그 모든 것들을 차단하도록 하는 위대하고 일반적인 성경적 원리(a great general Scriptural principle)가 있다는 것이다. 우리는 그것들을 뒷받침한다고 하는 주장들에 대한 고려조차도 거부하는 바이다. 이에 대하여 우리에게는 그러한 것들이 성경으로부터 긍정적인 승인을 얻지 못한다는 것만으로도 충분하다. 이러한 바탕에서 우리는 그러한 것들을 인정하지 않는 바이며, 이 후자의 관점에 있어서 비록 칼뱅이 평소에 관대함을 가지고서 항상 시대와 상황, 그리고 관련한 당사자들의 약점과 연약함을 합리적으로 고려하려고 했었다고 할지라도, 그러한 것들이 숨어들어온 곳에서는 그러한 것들의 문제점들이 반드시 밝혀지도록 해야 함을 주장하는 바이다. 이 주제와 관련하여 논의되고 있는 수많은 헛소리들에 대하여서 우리가 할 수 있는 일은, 이것뿐이다. 우리는 성경에서 그와 관련된 두드러진 주제, 즉 그리스도의 교회의 바른 운영(the right administration)의 존엄함과 중요성에 부합하는, 크고 포괄적인 원리-'그 자체로 단순하며 위엄이 있는' 원리-가 성경에 충분히 명백하게 나타나 있음을 발견할 수 있다. 그리고 우리는 교회를 개선하고 돋보이게 할 목적으로 고안된 수많은 하찮은 것들에 이 원리를 적용하며, 또한 이로써 그 모든 하찮은 것들을 쓸어내어 버렸다. 이것이 우리가 이 작은 문제들에 대하여 행해야 할 전부이다. 그런즉 우리는 그것들에 대하여서 더 알고 싶거나 더 행하고 싶어 하는 것이라고는 아무것도 없다. 또한, 그것들이 우리를 대적하여 방해할 때에, 우리는 더욱 높은 강령 위에 서서, 그것들을 바라보며 거부하고자 한다. 이것이 바로 그러한 경우들에 대한 참된 국면임이 분명한데, 그럼에도 불구하고 이러한 사소한 문제들, 그리고 잉글랜드 청교도들과 스코틀랜드 장로교도들의 뚜렷한 특징으로서 그들이 야기한 논의들을 설명하려는 시도가 끊임없이 이루어지고 있으며, 그것이 전적으로 성공하지 못했던 것도 아니었다. 반면에 그것들의 모든 본질에 있어서는 자그마하고 보잘 것 없는 것이기에, 실제로는 그것을 도입하거나 유지하기 위하여 수고하는 자들에 대한 특성일 뿐이다.

그러므로 **칼뱅이 루터교도와 잉글랜드 교회**[나중에 성공회로 분류되는 잉글랜드 국교회]**의 개혁자들이 지니고 있었던 느슨한 견해를 바로잡**

기 위하여 이 원리를 제시하고 확립한 것은 교회에 대한 위대한 봉사였다. 만일에 모든 프로테스탄트 교회들이 이 단순하지만 포괄적이고 명령적인 원리를 진심으로 채택하여 충실하게 따랐다면, 이것은 두려우리만치 많은 해악들을 확실하게 막을 수가 있었을 것이며, 아마도 엄청나게 선한 영향력을 끼쳤을 것이다. 그처럼 했을 경우에 프로테스탄트 교회들은 훨씬 더 따뜻하게 연합하고, 그들의 거대한 공동의 적인 교황주의(Popery)와 불신앙(infidelity)에 대항하며, 그들의 공동의 주님이시자 스승이신 분의 대의를 발전시키는 데에 더욱 적극적이고 성공적이었을 것이라 믿을만한 충분한 근거들이 있기 때문이다.

한편, 종교개혁자들이 일반적으로 고수했던 또 다른 원리가 있는데, 이는 툴로크 박사(Dr. Tulloch)와 다른 광교파들(latitudinarians)[*]에게는 매우 불쾌함을 선사하는 원리-즉, 교회 정부의 특정 형태에 대한 **'성경적인 권위'**(the Scriptural authority) 또는 **'신적인 권**

위’(jus divinum)로서의 원리가 그것이다. 이러한 일반적인 원리는 그들이 교황주의(Popish)의 견해를 채택했든지, 아니면 감독제도(Prelatic, 고위성직자제도)나 장로회제도(Presbyterian), 혹은 회중주의적인(Congregational) 견해를 채택했든지 간에, 교회의 정치가 어떠해야 하는지에 관한 종교적인 문제들에 대하여 참으로 정직한 관심을 가졌던 대부분의 사람들이 고수하는 것이었다. 이러한 원리를 처음으로 부정한 사람들은 엘리자베스 여왕 치하의 잉글랜드 국교회를 옹호한 휘트기프트 대주교(Archbishop Whitgift)와 그의 동료들이었는데, 이들은 그들의 교회헌법에 대한 성경적인 재가조차도 거의 주장하지 못하는 자들이었다. 반면에 잉글랜드 교회의 더욱 현대적인 옹호자들은 일반적으로 이를 따르지 않았는데, 그들은 공통적으로 그들의 교회정치에 대한 신적인 권리(a divine right)를 주장했으며, 또한 그들 가운데 적지 않은 사람들이 잉글랜드 교회에서 추방되는 길로 향하였던 장로교인들과 회중주의자들로서의 'Nonconformist'들이었다. 그러나 모든 시대마다 성경의 권위로서 통제되는 것으로부터 벗어나고자 하는 사람들이 있었는데, 그들은 자신들의 공상을 만족시키거나, 그들 자신의 이기적인 흥미들을 충족시키고자 더욱 많은 자유를 누리려는 그러한 자들이었다.

휘트기프트(Whitgift)와 후커(Hooker)의 시대로부터 오늘날에 이르기까지, 신적인 권위의 반대론자들이 교회정치 제도의 세부적인 사항들에 대한 신적인 권위-성경의 적극적인 규제-를 주장한다고 증언하는 것은, 신적인 권위를 반대하는 자들의 견해를 잘못 표현하는 흔한 일이었다. 툴록 박사는 이러한 와전된 진술을 없애는 것이 불가능하다고 생각한 것 같다. 이에 따라 그는 장로회제도(Presbyterianism)가 “단지 그 자체로 지혜롭고 성경에 부합하므로, 신적인 것이라고 주장할 수 있을 뿐만 아니라 그것의 세부 사항들과 그 적용들 모두에 대하여서도 신적인 권위가 있다는 직접적이고도 움직일 수 없는 증거를 주장하려고 했다”고 우리에게 말했다. 그러나 이러한 진술은 사실이 아니다. 그 시스템의 하위적인 기능들에 대하여서 신적인 권위가 어느 정도로 주장되어야 하는지에 관하여서는 장로교인들 사이에 의견 상의 차이가 있을 수 있으며, 또한 일부는 의심할 바 없이 그들의 주장하는 범위에 있어서 극단에 이르기도 했다. 그러나 어떠한 저명한 장로교인들도 자신들의 제도에 대하여 ‘모든 세부적인 사항들과 그 적용에 대한 신적인 권위의 직접적인 증거’를 주장한 적은 없었다. 그들은 신적인 권위(a divine right), 혹은 성경의 규제(scriptural sanction)를 오직 그것의 기본적인 원리들과 그것의 주요한 특성들에 대하여서만 주장해 왔다. 그들이 주장하는 것은, 이것이 오직 모든 시대 가운데서 교회를 구속하는 방식으로서 성경가운데서 제시되어 있다는 것이었다. 그리고 그것은 단지 신적인 권위의 성직자들(jure divino Prelatists)과 회중주의자들 사이에서, 더욱 지적이며 또한 더욱 현명한 모든 자들에 의하여 취하여진 것과 동일한 입장이었다.

툴록 박사는 우리가 그의 책으로부터 인용한 마지막 인용문 가운데서, 교회에 대하여 영구적으로 구속할 수 있는 어떠한 형태의 교회정치의 형식도 성경 가운데에 규정되어 있지 않았거나 규정될 수 없었다는 것을 증명하려고 노력했던 것 같다. 그의 주요한 입장들은 다음의 성명문 가운데서 구체화되었다.

"기독교의 성경은 신적인 진리에 대한 계시이지, 교회 정치에 대한 계시가 아니다. 그것들은 그러한 교회정치체제의 윤곽을 제시하지 않았을 뿐만 아니라, 그에 대한 적절하고 결정적인 힌트조차도 제공하지 않았다. 그리고 무엇보다도 그렇게 하는 것은 기독교 정신에 전적으로 위배되는 것이다. 그리고 사실, 인류 발전의 정황은, 교회적인 것이든 시민사회적인 것이든 간에 변함없는 정치체제의 도입을 허용하지 않기 때문이다."

툴록 박사는 성경이 "신적인 진리의 계시"(a revelation of divine truth)임을 인정한다. 그리고 그 안에 계시된 진리가 종교개혁의 신학이 아니기 때문에, 언젠가는 그가 계시하는 "신적인 진리"가 무엇인지 세상에 밝혀 주시기를 희망했다. [그러나] "성경은 교회정치에 대한 계시가 아니"라는 그 입장에 관하여서, 우리는 교회에 대한 항구적인 지도함을 위하여서 교회정치에 관련한 성경 안에서의 가르침이 분명하게 있는 것이라 생각한다. 그리고 만일에 거기에서 가르치는 그러한 성격의 어떠한 것이 있다고 한다면, 그것은 성경이 계시하는 "신적인 진리"의 일부임에 틀림이 없을 것이다. 교회 정치라는 주제에 관련한 성경의 가르침이 무엇인지의 여부에 관해서는, 툴록 박사가 제시한 것과 같은 예언적인 진술에 의해서가 아니라 성경 자체의 검토와 교회 정치에 관한 여러 이론들을 뒷받침하기 위하여 제시되는 성경적 근거의 타당성에 대한 조사에 의하여 결정되어야 할 것이다. 툴록 박사는 교회의 정치가 어떠해야 하는지에 관하여서는 성경 가운데서 가르치는 바가 거의 없다고까지 주장하지는 않을 것이다. 그리고 만일에 그 주제에 관하여서 거기에서 가르친 것이 있다면, 그것은 신적인 진리의 일부로서 받아들여져야 할 것이다. 하지만 그는 성경이 "그러한 정치의 개요를 제시하지 않을 뿐만 아니라, 그에 대한 적절하면서도 결정적인 힌트조차도 제공하지 않는다."고 확신했다. 여기에서 우리는 그에게 직접적으로 문제를 제기한다. 우리는 단지 '힌트'만이 아니라, **특정한 교회 정치의 '개요'**(outline)**라 할 수 있는 것이 모든 시대의 교회에 대하여 구속력이 있는 방식으로서 성경 안에 명시되어 있음**을 주장하는 바이다.

물론 우리는 이러한 입장이 일반적인 논제로서의 초록에서 논의될 때에, 그것을 지지하기 위해 종종 제시되는 많은 주장들이 불만족스럽고 불충분하며, 이에 반대하는 주장도 마찬가지임을 인정한다. 우리가 주장하는 입장을 추상적인 명제의 형태로 표현할 때에, 교황주의(Papists), 감독주의(Prelatists), 장로회(Presbyterians), 회중주의(Congregationalists) 등 다양한 형태의 교회 정치를 지지하는 사람들이 모두 동의할 수 있을 것이다. 다시 말해서 교회 정치의 특정한 형태가 무엇인지를 명시하지 않고서, 성경에 의하여 승인된다고 하는 일반적인 입장이 제시될 때에, 우리는 이러한 입장을 뒷받침하기 위하여 제시할 수 있는 자료들이 다소 모호하고 불명확하며, 증명해야 할 요점을 매우 직접적이고 결정적으로 언급하지는 못하고 있다는 것을 인정한다. 그리고 이러한 경우에 있어서의 강점은, 감독주의(Prelacy)나 장로회제도(Presbyterianism)처럼 성경에 의해 명시된 특정한 교회 정치의 형태가 성경에 의하여 승인되고 부과되었다고 주장될 때에라야 완전하게 드러난다. 성경이 특정한 형태의 교회 정치를 승인하고 부과한다고 하는 일반적인 입장을 확립하는 가장 좋으며 만족할만한 방법은, 성경이 승인하는 교회 정치에 관한 특정한 원리들과 규정들, 그리고 제도들을 제시하고, 또한 이러한 것들을 보여주기 위하여 종합하여 보거나 혹은 조합하여, 공정하고 합리적으로 교회정치의 한 형태라고 할 수 있는 것을 구성함을 보여주는 것이다. 그리고 이러한 과정을 통하여 일반적인 명제가 가장 분명하고 직접적으로 확립될 수가 있을 뿐만 아니라, 가장 중요한 것은 성경이 승인하며, 그러므로 교회가 항구적으로 보유하여야할 의무가 있는 특정한 형태의 교회정치가 제시되고, 또한 입증된다는 것이다.

실제로 선험적인 추론(a priori reasonings)을 통하여서 추상적인 가운데서의 일반적인 논제를 증명하고 반증하려는 시도가 있었지만, 이러한 추론의 대부분은 우리에게 설득력이나 관련성이 거의 없는 것으로 보인다. 한편으로는 선험적인 근거를 바탕으로 성경 가운데에 명시된 특정한 교회 정치의 형태가 있었음에 틀림없다고 주장되었다. 반면에 비슷한 근거로서 그것이 기독교 교회의 일반적인 성격과 배치되며, 교회가 처해 있는 상황과 일치하는 것이 불가능하다는 주장이 제기되었다. 그러나 사실은 교회정치의 형태에 대한 그 아이디어를 취하지 않는 한, 이러한 추상적인 입장을 뒷받침하기 위한 매우 명확하거나 설득력이 있는 것으로서 타당하게 간주될 수 있을만한 것은 아무것도 없으니, 첫 번째는 매우 광범위하고 느슨한 의미에서이며, 두 번째는 매우 세밀하고 제한적인 의미에서이다. 한편으로, 그리스도께서는 이전에 존재했던 하나님의 교회와는 성격이 매우 다른, 조직적이고 가시적이며, 항구적인 회집(permanent society)으로서의 교회를 설립하고자 하셨을 가능성이 상당히 크며, 특별히 외적인 조직과 배치에 관한 모든 문제들에 있어서는 그것의 헌법(constitution)과 치리(즉, 교회정치. government)에 관한 하나님의 마음과 뜻에 대한 일반적인 지도(directions)나 지시(indications)를 주셔야 하지만, 우리는 그가 영구적인 의무로 규정할 수 있는 규칙을 수행하도록 부름을 받았거나, 혹은 그분이 교회 통치의 한 형태라고 부를 수 있을 정도로 완전하고 상세한 규칙을 주실 것이라 주장할 수 있는 확실한 자료가 없는 실정이다. 그리고 다른 한편으로, 기독교인의 교회는 외적인 조직에 있어서 유대 교회와 완전히 다르게 의도되었으며, 모든 시대와 국가를 대상으로 하는 세밀하고 상세한 규정에 대한 체계를 갖지는 않았음에 분명하다. 또한 이러한 근거들에 따르면, 유대인의 제도에 비하여 정확하고 상세한 규정이 적용되는 것은 거의 없었으며, 따라서 어떤 것들은 자연의 빛과 섭리적인 상황들에 따라서 결정하도록 교회에 맡겨질 수도 있었을 것-그리스도께서 이 주제에 대한 일반적인 지침을 주실 수 있다는 생각은, 어떠한 출처나 고려 사항에서 비롯된 것이 함께 결합될 때에 교회 정치의 형태라는 명칭이 정당하게 적용될 수 있을 것이라는 생각에서 비롯된 어떠한 선험적인 가능성도 없다-이다. 이러한 근거 위에서 우리는 많은 사람들이 한편으로 그리스도께서 그분의 교회를 위하여 특정한 형태의 정치체제를 세우셨음에 틀림없다는 것을 증명하여야 한다거나, 다른 한편으로 그리스도께서는 그렇게 할 수 없었을 것이라고 하는 일반적인 선험적 고려사항들에 큰 비중을 두지 않는다. 그리고 우리는 이러한 모든 주제들에 관한 그러한 케이스가 성경적으로 규정되었거나, 혹은 교회정치 형태에 대한 신적인 권위의 원리를 옹호하는 사람들이 성경이 규정하는 교회 정치의 특정한 형태가 무엇인지를 보여주고, 성경이 그러한 형태를 승인한다는 증거를 제시할 때까지, 또한 물론 그분이 그렇게 하실 수 없었다는 주장에 대한 충분한 대답이 될 때까지는 매우 결함이 있고 불완전한 상태로 남겨진 것으로 간주하는 바이다. **우리는 성경의 진술**(Scripture statement)**과 사도적 행실**(apostolic practice)**, 특정한 법률**(laws)**이나 규정**(rules)**, 그리고 제도들**(arrangements)**에 대한 구속력 있는 의무를 증명할 수 있다고 생각하는데, 이는 '힌트'**(hints)**뿐만 아니라 '교회 정치**(church polity)**의 개요'에 이르기까지 제공하는 것으로서, 이를 종합하면 교회 정치의 한 형태를 구성할 것이라고 분명하게 말할 수 있다.**

이러한 방식으로, 우리는 그것의 근본적인 원리들과 주요 특성들에 있어서, 성경에 의하여 승인되고 부과된 특정한 형태의 교회 정치(church government), 즉 장로교회정치(Presbyterian)가 있는 것임을 보여줄 수가 있다고 생각한다.

만일에 이러한 주제에 대한 논의에서 자주 제기된 일반적이고 선험적인 고려사항들이, 성경이 특정한 교회 정치(church government)의 형태를 승인한다는 참된 입장을 확립하는 데에 충분하지 못하다면, 그렇지 않다는 잘못된 입장을 확립하는 데에는 더더욱 충분하지 못할 것이다. 우리가 살펴본 바와 같이, 툴록 박사는 성경이 교회 정치의 '윤곽'조차 제시하지 않는다는 것을 보여줄 만한 "모든 이유들 가운데 최고의 이유"가 있다고 주장한다. 그러나 그의 "최고의 이유"라는 것은, 미리 확신하기로 결심한 사람들 외에는 그 누구도 만족시키지 못할 것이다. 그가 말한 이유는 두 가지로서, 첫째로는 "그렇게 하는 것은 기독교 정신에 완전히 어긋난다."는 것이며, 둘째로는 "인류 진보의 조건들은 교회적인 것이든 시민적인 것이든 간에, 불변하는 정치 체제의 도입을 허용하지 않는다."는 것이다. 이것이 그가 제시하는 증거의 전체인데, 또한 그는 이것을 "모든 이유들 가운데 최고"의 이유라 부른다. 이것은 물론, 교회 정치의 '개요'조차도 성경 가운데서 항구적이고 구속력이 있는 것으로서 제시될 수가 없다는 것을 증명하려는 것이다. 그러나 그것은 신적인 지혜(Divine Wisdom)조차도 "기독교의 정신과 인간 진보의 조건들"에 부합하는 교회 정치의 윤곽을 고안해 낼

수는 없었을 것이라 여기는 것과 같다. 우리의 독자들께서는 우리
가 이를 반박하고 폭로하기 위하여 더 이상 언급하는 것을 기대하
지 않을 것이다. "기독교의 정신과 인간 진보의 조건들"은 성경이
유대적인 질서(the Jewish economy)의 성격과 일반적인 특징에 있어
서, 비슷한 외적인 준비들에 대한 세밀하고 상세한 처방의 시스템
전체를 교회에 부과했다는 입장을 유지했다면, 당면한 문제와 어
느 정도 관련이 있었을 것이다. 그러나 교회 정치의 특정한 형태의
신적인 권위에 대한 지적인 옹호자들이 주장하는 모든 것들이, 이
러한 종류의 모든 것들과 얼마나 완전하게 다른지를 고려할 때에,
우리는 대부분의 사람들이 기독교 정신과 인간 진보의 조건에 대
한 결정적인 증거에 대한 툴록 박사의 호소가 참으로 우스꽝스럽
다는 것을 알게 될 것이라 생각한다.

성경만이 교회 정치의 개요(the outline)를 규정하고 승인한다는
입장을 천명하는 그리스도인들 사이에서 매우 일반적으로 받아들
여지고 있는 그러한 입장에 대한 반박은, 막연하고 모호한 일반론
혹은 거창한 선언을 통하여서는 그 효과를 발휘할 수가 없다. 오
직 그것은 철저한 검토의 방법(the method of exhaustion)으로서만 영
향을 미칠 수가 있다. 즉, 교회 정치의 특정한 형태에 대한 신적인
권위(the divine right)를 성경으로부터 확립하려는 모든 다양한 시도
들에 대한 상세한 반박들을 통해서 비로소 이루어질 수가 있는 것
이다. 그리고 이러한 종류의 작업은, "기독교의 정신과 인간 진보
의 조건들"을 외치는 것보다도 훨씬 더 어렵고, 훨씬 더 많은 재능

과 배움을 필요로 한다.

  동시에 우리는 교회 정치의 특정한 형태를 대신하여서, 신적인 권위에 대하여 주장하는 것을 조소하고 조롱하는 것이 현 시대 가운데에 어느 정도 일반화되고 대중화되었음을 인정해야 한다. 이것은 의심할 여지가 없이 부분적으로는 그 주장이 때때로 옹호되는 무지하고 분별없는 열심에서 비롯하여 발생했으며, 심지어 교회 정치에 대한 그 주장에 대하여 대체로 건전하고 성경적인 견해를 가진 사람들조차도 마찬가지였다. 그러나 원칙적으로, 우리는 이러한 주장의 성립으로부터 필연적으로 뒤따르게 되는 실제적인 결과에 대한 어떠한 잘못된 개념으로부터 설득력을 얻는다.

  모든 교황주의자들(Papists)과 더불어서 많은 감독주의자들(Prelatists)은, 그들 각자의 교회정치체계를 대신하여 신적인 권위에 대한 주장을 제기하면서, 공개적으로, 그리고 주저함 없이 이러한 주장을 확립하는데 성공했다고 하는 그들의 가상의 성공으로부터 추론해 내기를, 기독교회(Christian Churches)에 대한 명시와 통상적인 권위(the ordinary rights)가 거부되거나, 심지어 구원이 일반적으로 가능한 범위를 넘어서는 경우도 있다는 그러한 이유로, 그들의 정치 형태가 아닌 기독교회는 자칭하는 기독교회(professedly Christian societies)라고 결론을 내렸다. 신적인 권위(a divine right)에 대한 주장을 적용하는 이러한 진행의 방식은 교황주의자들 사이에서 보편적이며, 또한 어떠한 부류의 감독주의자들 사이에서는 결코 드문 일이 아니니, 기독교 제도의 일반적인 특징과 진정한 의미에 대하여 조금이라도 알고 있고 상식과 기독교적인 사랑을 조금이라도 소유하고 있는 사람들에게 있어서는 터무니없으며 괴이하게 보일 것이다. 그리고 많은 사람들은 이러한 행위로 인하여 합리적으로 유발된 혐오감을 느꼈는데, 이는 특정한 교회 정치의 형태를 대신하여 신적인 권위(jus divinum)를 주장하는 일반적인 원칙으로 옮겨졌으며, 그로부터 필연적으로 흘러나오는 것이라 간주되었다. 그러나 이 모든 것들은 부당하고 잘못된 것이다. 장로교회와 회중교회들은 일반적으로 교황주의와 감독주의가 그랬던 것처럼 교회 정치 체제를 위한 신적인 권위(a divine right)를 인정하여 왔다. 그러나 우리는 장로교인들이나 회중교회주의자들이 자신들의 교파를 제외한 다른 모든 교파들에 대하여 교회로서의 성격을 내포함을 부인했다거나, 혹은 그들이 하나님의 말씀으로부터 인정을 받았다고 믿는 것들과는 다른 교회정치의 형태를 채택했다는 이유로 인해 그들을 기독교의 교회로 여기기를 거부했다고 하는 기억은 없다.

그러나 많은 사람들은 장로주의자들과 회중주의자들이 오직 성경적으로 규정된 유일한 교회 정치의 형태라고 믿는 것을 거부한다는 이유로 다른 교파를 교회로써 인정하지 않는 것이 그들의 연약함에 대하여 죄를 범하는 것이며, 또한 다른 사람들을 판단함에 있어서 신적인 권위(jus divinum)에 대한 그들의 역설을 따르지 않음으로써 그것의 자연스럽고 정당한 결과를 초래하는 모순에 빠지게 되는 것이라고 생각하는 것 같다. 그러나 이러한 어리석은 생각은 그 경우에 대한 정확한 상황을 살펴보면 알 수가 있듯이 잘못되었으며 부당한 것이다. 장로회제도(Presbyterianism)에 대한 신적인 권위(a divine right)를 주장하는 가운데에 내포된 모든 것들은, 예컨대 그처럼 믿으며 행하는 자에게 그리스도께서 자신의 말씀에서 그 자신의 생각과 뜻을 충분하고도 분명하게 나타내셨으며, 장로회제도의 기본적인 원칙이 언제 어디서나 그의 교회의 정치를 규정하여야 한다는 것을 증명할 수 있다고 생각하도록 한다. 성경의 신성한 인도함을 따르며 그리스도의 권위에 복종한다고 동일하게 고백하는 감독주의자들과 회중주의자들은, 이 주제에 관하여서 성경이 제공하는 자료들의 참된 의미와 중요성에 대하여 상이하고 반대되는 판단을 내렸으며, 또한 그 결과로 그들의 교회들 가운데에는 다른 형태의 정치체제(government)가 세워졌다. 이것이 그러한 경우에 있어서의 진정한 상황이므로, 비록 노회가 신적인 권위를 갖고 있음에도 불구하고, 솔직하고 지성적인 장로교인이라면 누구나 할 수 있는 그들에 대한 비판의 종합과 본질은, 그들이 이 점에 대하여 그리스도의 마음과 뜻을 잘못 이해했다는 것, 즉 그리스도께서 그의 말씀에서 제시하여 주신 지시들의 의미에 대하여, 또한 그리스도께서 그의 교회 정치체제를 어떻게 규율하시기를 원하셨는지에 관하여 잘못된 판단을 내렸다는 것이다. 그리고 이것이 그들에 대한 모든 실제적인 혐의이이지만, 일반적으로 인정되는 원칙에 따르자면 그것 자체로는 그들을 교회에서 제외시키거나 기독교 교회로 인정하고 대우하기를 거부할 만한 충분한 근거를 제공하지는 않는다.

그러나 신적인 진리(divine truth)의 어떠한 부분, 즉 하나님께서 그의 말씀 안에서 우리에게 알려주신 모든 것들에 관하여 잘못된 견해를 채택하고 그에 따라 행동하는 것은 심각한 문제이며, 그러므로 우리는 어떤 경우에라도 이를 완화시키고 싶지는 않다. 그리고 그 케이스를 공정하게 진술하고, 또한 다른 오류들에 대하여 통상적이고 정당하게 적용되는 원리들을 이 사건에도 적용하도록 해야 할 것이다. 교회 정치라는 그 주제에 관한 오류를 채택하고 유지하는 것이, 교리 문제에 관한 오류를 채택하고 유지하는 것보다도 말이나 행동으로 교리의 문제에 대한 오류를 채택하고 유지하는 것이 더욱 많은 죄책감을 수반하거나 더욱 엄중한 비난을 받아야 한다고 주장할만한 근거는 아니다. 그리고 반대로 기독교 제도(the Christian economy)의 일반적인 성격, 정신, 경향, 그리고 대상들과 관련하여 볼 때에, 또한 그러한 문제들에 대한 판단을 내리기 위하여 성경이 우리에게 제공하는 증거자료들의 종류와 분량에 있어서, 그리고 그러한 주제의 성격에 있어서의 중대한 논의들이 이뤄지고 있으며, 이는 교회정치에 관한 오류는 교리에 관한 오류(특정한 한도 내에서)보다는 정죄됨의 심각성이 조금은 덜하고, 교회들이 서로 교제하는 데에 있어서 실질적인 영향을 덜 미치는 것이며, 이는 일반적으로 다른 교파를 교회로써 인정하지 않는 것을 보증하거나 그들과의 우호적 관계를 유지하는 데에 있어서 극복할 수 없는 장애물을 형성하는 것으로까지 간주되지는 않음을 나타낸다.

이러한 근거들은 우리가 특정한 형태의 교회 정치에 대한 신적인 권리를 주장하는 것이 이 주제에 대한 성경의 증언에 대하여 다른 결론을 내렸을 수 있는 다른 교단들을 교회로써 인정하지 않는 것을 의미한다는 일반적인 주장의 부당함과 불공정함을 입증하며, 이러한 근거는 앞서 설명한바 성경이 긍정적으로 승인하지 않은 것을 교회의 정치와 예배에 도입하는 것이 불법이라고 하는 보다 광범위하고 포괄적인 원칙에도 동일하게 적용된다. 통상적으로 루터교도들(Lutherans)과 잉글랜드 국교회(Anglicans 즉, 성공회)는 일반적으로 성경 안에서는 이러한 원리를 가르치지 않는다고 주장하며, 이러한 이유로 예식들(ceremonies)과 규정들(regulations)의 도입과 관련하여 이처럼 엄격하게 매이기를 거부한다. 반면에 **우리는 이러한 원리를 부인함으로써 그들이 성경을 해석하고 적용하는 데에 있어서 오류에 빠졌다고 보며, 이에 반대하여 그들이 도입했을 수 있는 예식들과 규정들은 불법적이며 모두 제거되어야 한다고 믿는다.** 하지만 우리들은 이러한 의견에 있어서의 오류로 인하여 어느 정도의 실제적인 과오들이 뒤따랐기 때문에, 이들 교파가 교회에서 떠나거나 우호적인 교제에서 제외되어야 한다고는 결코 생각하지 않으며, 특별히 이러한 원리를 지지하는 성경적인 증거는 비록 우리의 마음에는 아주 충분하고 만족스러울지라도 다소 건설적이고 추론적인 설명을 하고 있는데, 그것의 적용에 대한 일부 세부적인 사항들에 관하여서는 동의하는 사람들 사이에서도 때때로 차이가 발생하기 때문이다.

만일에 상식의 지시와 다른 신학적인 논의의 분야들에 있어서 일반적으로 인정되는 원리들에 명백하게 일치하는 이러한 견해가 인정된다면, 우리가 설명한 두 가지 원리들을 뒷받침하는 성경적인 증거의 능력에 굴복하지 않으려는 마음이 훨씬 줄어들 것이며, 또한 어떠한 형태이든지, 교회 운영의 순수성(the purity of Church administration)과 교회 조직의 권위(the authority of Church arrangements)를 유일하고도 효과적으로 보장하는 것이리라 확신한다.

그러나 어느 시대에나 신학적인 주제들에 대한 계몽된 지식에 있어서 주위의 모든 사람들보다 앞서 있다는 평판을 얻고 싶어 하는 사람들, 그리고 이러한 견해를 가진 사람들 가운데에는 성경의 권위에 대한 암묵적인 존중의 멍에에서 벗어나기를 매우 갈망하는 그러한 자들이 있다. 그런즉 종교적인 문제들 가운데서의 오류의 가장 큰 원인은, 사람들이 하나님의 말씀을 온전하고 정직하게 자신들의 규칙과 표준으로 받아들이지 않는 데에 있는 것이다.

부록 2
교회 정치에 적용되는 규정적 원리

by James Henley Thornwell

제임스 헨리 손웰(James Henley Thornwell, 1812-1862)은 미국의 사우스캐롤라이나주 출신 장로교회 설교자로서, 노예제도를 긍정하는 입장에 서있었던 인물이기도 했다. 미국에서 남북전쟁이 발발했을 당시의 주요 이슈들에 있어서 그는 남부 연합을 지지했으며, 노예제도가 기독교 교리에 따른 정당한 제도이자 도덕적으로도 옳다는 입장을 설파했다. 하지만 흑인 노예들도 백인과 마찬가지로 하나님의 형상으로 창조된 사람들이며 그들을 형제라고 불러야 한다고 설파했다. 그는 남부의 구파 장로교단을 대표하는 신학자로서 신학적으로뿐만 아니라 사회적인 문제들에 관해서도 설교하고 글을 썼다. 특히 그는 찰스 하지(Charles Hodge)와 동시대 사람으로서, 하지가 북장로교회의 교회론적 입장을 대표한 것처럼 그는 남장로교회의 교회론을 대표했다.

교회 정치에 적용되는 규정적 원리

교회회의 제도(the system of Boards 즉, 장로교회의 회의체에 의한 교회정치 시스템을 지칭한다)에 대하여 성경으로부터 주장된 바는, 우리의 표준[웨스트민스터의 표준]을 진심으로 받아들이고 채택하는 모든 사람들에게 있어 매우 간명한 논거일 것이다. **만일에 우리의 교회정치 모델이 그 표준에서 계시된 모형을 따른다면, 그 근본적인 원리를 뒤집는 것은 무엇이든 반드시 비성경적이며 모든 신성한 권위를 결여하는 것일 수밖에 없을 것이다.** 가시적인 교회 조직이나 교회 정치의 명확한 체계가 지니는 최고의 목적은 교회를 어떠한 상태에 처하게 하는 것으로서, 교회에 필요한 모든 직원들과 수단들을 제공하고, 하나님의 왕국을 건설하며, 전 세계로 [그러한] 교회의 정복지들을 확장시키는 것이다. 우리의 경배를 받으시기에 합당하신 구세주께서 높은 데에 오르셨을 때에, "그는 어떤 사람은 사도로, 어떤 사람은 선지자로, 어떤 사람은 복음 전하는 자로, 어떤 사람은 목사와 교사로 주시어서 그리스도의 몸을 세우며 봉사의 일을 하도록 하셨다."[즉, 교회정치 체제의 기틀을 제공하셨다.]

옛 경륜 아래서는 하나님의 교회에서의 예배나 권징과 관련된 어떤 것들도 사람의 지혜나 재량에 맡겨지지 않았고, 다만 모든 것들이 하나님의 권위에 의해 정확하게 규정되었듯이, 새로운 경륜 아래에 있는 믿음의 가정에서도 다만 하나님의 아들[즉, 예수 그리스도]의 말씀하심 외에는 어떤 말씀도 들을 수가 없어야 한다. 그러한 교회의 권세(power)는 순전히 목회적(ministerial)이고 선언적(declarative)이다. 교회는 오직 교리를 제시하고, 율법을 집행하며, 그리스도께서 교회에게 주신 다스림(the government 즉, 교회 정치)을 시행해야 한다. **교회는 주님께서 정하신 것들이라면 그것이 무엇이든지 간에 제거하지 말아야 하며, 그 자신에 의해 창안한 것들은 어떠한 것이라도 더하지 말아야 한다.** 왜냐하면, 교회는 자기 스스로의 재량을 사용할 수 있는 권리(Discretionary power)를 소유하지 않았기 때문이다.*

제임스 헨리 손웰(James Henley Thornwell, 1812-1862)은 미국의 사우스캐롤라이나주 출신 장로교회 설교자로서, 노예제도를 긍정하는 입장에 서 있었던 인물이기도 했다. 미국에서 남북전쟁이 발발했을 당시의 주요 이슈들에 있어서 그는 남부 연합을 지지했으며, 노예제도가 기독교 교리에 따른 정당한 제도이자 도덕적으로도 옳다는 입장을 설파했다. 하지만 흑인 노예들도 백인과 마찬가지로 하나님의 형상으로 창조된 사람들이며 그들을 형제라고 불러야 한다고 설파했다. 그는 남부의 구파 장로교단을 대표하는 신학자로서 신학적으로뿐만 아니라 사회적인 문제들에 관해서도 설교하고 글을 썼다. 특히 그는 찰스 하지(Charles Hodge)와 동시대 사람으로서, 하지가 북장로교회의 교회론적 입장을 대표한 것처럼 그는 남장로교회의 교회론을 대표했다.

기독교의 살아 있는 원리와 그것의 외형적인 형태는, 순전히 신적인 계시의 문제이다. 그리고 모든 시대에 있어서 교회의 배도와 범죄의 열매를 맺은 근원인 교회의 커다란 오류는, 교회 자체의 이해에 주제넘게 의존하는 것이었다.

---

* 이러한 맥락에서 그는 노예제도를 구약성경이나 신약성경에서 직접적으로 죄악이라고 언급하지 않았음을 설파했다. [역자주]

교회는 자신의 발명품들로 하나님께 대한 충성심으로부터 신자들을 유혹하고, 또한 교회의 성소를 우상으로 채웠으며, 자녀들[즉, 신자들]의 마음을 헛된 상상으로 가득 채워버렸다. 그러나 성경은 우리에게 완전하고 오류가 없는 신앙과 실천의 규칙을 제공함으로써 이러한 악의 근원을 잘라내어 버린다. 인간에 대한 지침으로서의 성경의 절대적인 완전성은 종교개혁의 기본적인 원칙이었으며, 직접적으로 또는 필요한 추론을 통하여 성경으로 거슬러 올라갈 수 없는 것은 무엇이든 인간의 창안물(a human invention)-하나님께서 너무나도 혐오하는 것으로서, 영감을 받은 사도가 그것을 우상숭배(the worshiping of idolatry)나 천사숭배(the worshiping of angels)와 연결시켰던 것-로서 비난을 받았다.

바야흐로 교회 회의제도와 같은 것의 고안과 관련하여 하나님의 말씀이 전적으로 침묵하는 것은 그들의 정죄됨을 인치는 것이다. 아니, 직접적으로 다른 제도(system)로 이어지는 것은 교회 정치(church-government)에 관한 성경의 분명한 지시에 의하여 사실상 금지되어 있다. 그러나 어찌 되었든지 간에, 그것이 형성된 정당한 이유를 작성하고 유지하는 것은 그것을 유지하고 지지하는 자들에 달려 있다. 시온의 거룩한 언덕 위에 홀로 왕이신 그리스도의 분명하고도 명백한 승인이 없이는, 어떠한 기독교 교파에 의해서도 그 결과에서 그렇게 중요하고 그리스도의 왕국에 미치는 그것의 영향에 있어, 그처럼 엄중한 어떠한 규준의 체계(system of measures)도 채택해서는 안 된다. 우리의 생각으로는 우리 구주께서 전도의 활동(Missionary operations)에 특별한 의미를 두고서 그리스도의 교회를 세우셨다는 것은 분명하며, 또한 그리스도의 승천 이후로 18세기에 이르기까지 그것을 수행하는 가장 성공적인 방법을 결코 발견할 수 없었다는 사실을 믿지 않을 수가 없다.

그러한 교회제도의 설립에 대하여 성경적인 승인을 주장할 수 있는 유일하게 그럴듯한 구실은, 교회법(the Constitution of the Church)에 있어서 결함이 있을 수 있음을 상정함을 바탕으로 해서야 가능하다. 우리의 정규적인 교회 법정(regular ecclesiastical courts)이 그 일을 수행하기 위하여 부적절하다는 것은 당연하며, 그리고 다음으로 의무가 명확하게 부과된 곳에는 준수에 필요한 수단도 내포되어 있을 것이라고 하는 일반적인 원리에 따라서, 교회는 하나님의 계명에 순종할 수 있도록 고안된 방법을 사용할 권리(the right of resorting)를 가질 수 있는 것이다. 그러므로 가시적인 기관(a visible institution)으로서의 교회에 대한 성경적인 견해는, 교회가 그리스도 자신의 목적을 성취하는 의도로 제정된 도구(instrumentality)일 뿐이라는 것이다. 교회에게는 그 자체적인 의지나 지혜, 혹은 능력이 없는 것이다. 교회는 도구(instrument)이고, 또한 그리스도께서는 주체(agent)이시다. 교회는 그리스도께서 그에게 자신의 뜻을 전달하시고, 교회가 가장 최선이라고 생각하는 대로 그 뜻을 실행하도록 내버려 두신, 그의 은밀한 대행자(confidential agent)가 아니다. 교회는 실증해 보일 수 있는 기관(a positive institution)이며, 또한 그러므로 스스로 하는 모든 일들에 대하여 명확한 보증을 보여주어야만 한다. 교회의 규준들(her measures)은 비난을 받지 않는 것만으로는 충분하지 않다. 그것들은 성경에 의해 승인이 되어야 하되, 교회를 재정하는 권세에 의하여 실증해 보일 수 있도록 승인되어야 하며, 혹시라도 그렇지 않다고 한다면 그것은 무효이다. 미국의 의회와 마찬가지로 교회는 성문화된 헌법(a written constitution) 아래 행해야 하며, 또한 교회가 맡은 모든 것들을 위하여 교회의 기록된 판례들(written authority)을 양산해야만 한다. 그러므로 교회는 방편들을 정할 수 있는 권한을 갖지 못하며, 교회는 교회의 영광스러운 머리께서 세상 가운데서 그의 의도들을 성취하시는 바로 그러한 수단[혹은 도구]들이 되어야 한다. 또한, 그러므로 그리스도에 의해 정하여진 대로, 그 원하는 바 목적을 달성하기에 철저하게 적합한 것이어야만 한다. 아울러서 오직 신적인 제도(Divine institutions)의 성공과 그 효력에 대한 믿음을 가지도록 하며, 또한 우리들의 가장 높은 목표들(highest expectations)보다도 더욱 합당한 내용들을 발견하여야 할 것이다.

이제 우리는 마지막으로 교회회의제도(Boards)와 상시기구(permanent Agencies)가 그들의 회원들, 심지어 교회 자체의 최고 법정으로부터 맡겨졌던 편의성과 필요성의 동기를 고려해야 한다. 그리고 이 머리글에 대한 우리의 논평들의 시작 부분에서, **우리는 하나님의 교회에서의 편의가 어떤 의무나 의무의 척도라는 원칙에 전적으로 반대할 것이다. 우리는 하나님의 뜻**(the Divine will) **외에는 어떠한 율법도 인정하지 않으며, 하나님의 뜻을 확인하는 성공적**

인 방법으로서 하나님의 기록된 계시 외에는 인정하지 않는데, 이 계시는 완전하고 적절할 뿐만 아니라 하나님의 사람이 모든 선한 일을 행할 능력을 갖추도록 고안되었다고 믿는다. 우리는 신성한 말씀에 관하여 말할 때에, 불멸의 칼뱅의 [다음과 같은] 서술을 진정으로 채택할 수 있을 것이니, 왜냐하면 그것은 진실하고 진지한 서술들이기 때문이다. [즉,] "내가 이미 말한 바와 같이, 우리가 만일에 하나님의 말씀으로부터 일단 벗어나게 된다면, 아무리 빨리 달려가려 애를 쓴다고 할지라도 이미 어긋난 길에 들어서버렸기 때문에 능히 목적지까지 다다르지 못하게 될 것이다. 따라서 우리는 다음과 같은 결론을 내리게 될 것이다. 사도조차도 "가까이 가지 못할"(딤전 6:16) 것이라 말한 하나님의 빛나는 모습은 말씀의 끈으로 인도함을 받지 못하는 한 결코 빠져 나올 수 없는 미궁 속을 헤매는 것처럼 끝에까지 보지 못하게 되고 말 것이다. 그러므로 어그러진 길에서 전속력으로 달려가기보다는, 오히려 절뚝거리며 걸을지라도 올바른 길을 가는 것이 더욱 나을 것이다."(기독교강요 I. vi. 3)

종교적인 의무의 어떠한 분야에 있어서나 편리함(expediency)이 적절한 지침이라고 하는 입장은, 주 예수 그리스도의 복음이기보다는 특별히 현대의 시대에 있어 발전된 에피쿠로스의 무신론적인 철학(the atheistic philosophy)과 훨씬 더 가까운 원리 위에서 진행되는 것일 뿐이다. 하나님의 말씀은 한결같이 인간을 눈멀고 무지하며, 멀리까지 바라볼 수가 없고, 그의 판단에 있어 왜곡되었으며, 그의 이해력에 있어서 비뚤어졌고, 그의 양심에 있어 화인을 맞았으며, 그의 애정에 있어서도 그릇된 존재라고 묘사하고 있다. 또한 그러므로 그의 진보를 위한 단계마다 하늘의 교사(a heavenly teacher)와 하늘의 인도자(a heavenly guide)가 필요하다. 특히 그는 신적인 것들(Divine things)과 관련하여서 그 자신 안에 빛을 지니고 있지 않다. 오히려 그는 가르치고 인도하기에는 어리석은 어린아이일 뿐이다. 미래를 내다볼만한 능력이 전혀 없기 때문에, 그는 자신이 그림자와 같이 보내어버리는 헛된 삶의 모든 날들 동안에, 자신에게 무엇이 좋은지조차 말할 수가 없으며, 더욱이 그는 하나님의 교회를 위하여 무엇이 필요한지를 큰 규모에서조차도 결정할 수가 없다. 본성적인 어두움에 둘러싸인 그에게는, 그것의 어두움을 꿰뚫는 가장 은혜롭게 부여된 빛(a light)-곧, 확실한 예언의 말씀(Word of prophesy)-이 있으니, 그는 이것에 주의를 기울여야 한다.

누구도 예측할 수 없는 돌발적인 상황에 따른 편의적인 계산이나, 모임의 이해관계의 상충에 의하여 왜곡되고, 또한 상상력에 의한 공상적인 충동이나 교만과 야망의 이기적인 목적에 의해 형성되는 것보다 더욱 불확실하고 변동이 심한 지침은 없다. 만일에 편의적인 시험결과가 한 사례 가운데 도입될 수가 있다면, 그것은 다른 사례에서도 도입될 수가 있을 것이다. 또한 다양한 창안물들이 무수히 쏟아져 나오면서 발생하는 혼란과 무질서에 대하여서 그 한계를 설정하는 것은 불가능할 것이다. 거대한 양의 물들을 모아놓은 저장고로부터 그 틈을 하나라도 제거하고 메우는 것은 홍수로 인하여 황폐하게 되는 것을 대비함과 같은 것이다. 그 유일한 안전의 원칙은 칠링워스(Chillingworth)*의 고귀한 원칙-성경, 오직 성경만이 프로테스탄트들의 종교라는 것이다.

이상은, 제임스 손웰(James Henley Thornwell) 전집 4권에 있는 "교회 회의들에 대한 논쟁"(Argument Against Church-Boards, 1841)과 "교회 회의에 대한 논쟁에 관한 답변"(The Argument For Church Boards Answered, 1842)에서 발췌하여 번역한 것이다.

---

* 윌리엄 칠링워스(William Chillingworth, 1602-1644)로 보이는데, 그는 논란이 많았던 잉글랜드의 성직자였다. 그의 주된 주장은 영적인 문제에 있어 성경의 유일한 권위와 더불어서, 성경을 해석하는 개인의 양심의 자유로운 권리를 입증하려는 것이었다.

해답

1) '성경'입니다. 현대의 교회에서 수용되고 있는 '구도자 예배(seekers service)'라는 것은 기본적으로 인간 스스로 하나님 혹은 진리를 탐색하는 방식입니다. 그러나 신약성경 로마서 1장에 따르면, 인간은 스스로의 종교심으로 하나님을 알거나 구원에 이를 수가 없습니다. 사람이 스스로 하나님을 찾으며 진리를 추구할지라도 하나님의 택하심 가운데서 주어지는 믿음이 아니고서는 참된 신앙을 가질 수 없는 것입니다.

2) '성경'에 기록되고 가르치는 바에 따른 방식이어야 합니다.

3) '성경'에 근거하여야 합니다. 잠 28:9절은 "사람이 귀를 돌려 율법을 듣지 아니하면 그의 기도도 가증하니라."고 했습니다.

4) '성경'에 규정한 바를 따라 드려야만 합니다. 이를 가리켜서 '예배의 규정적 원리(Regulative Principle of Worship)'라고 합니다.

5) 그렇습니다. 교회의 문화나 관습들은, 성경과 더불어서 그 자체로 양립하는 것이 아니라 오히려 성경에 부합하는가에 따라서 개혁되고 재정립되어야 할 것들입니다. 우리에게 익숙하고 즐거움이 되는 문화나 관습들이라 할지라도, 성경의 규정

이나 가르침에 부합하지 않는 것이라면 언제든지 개혁하고 개선하고자 하는 것이 바로 "(개혁된) 교회는 항상 개혁되어야 한다(Ecclesia semper reformanda est)."는 종교개혁의 문구입니다.

6) 하나님의 택하심 가운데서 오직 하나인 비가시적 교회를 믿는다는 것입니다.

7) 교회의 머리(주권자)가 되시는 주 예수 그리스도이십니다.

8) "다 한 성령으로 세례를 받아 한 몸이 되었고 또 다 한 성령을 마시게 하"심으로서입니다.

9) "그리스도의 몸이요 지체의 각 부분이라"고 했습니다.

10) 아닙니다. "너희와 너희 자녀와 모든 먼 데 사람 곧 주 우리 하나님이 얼마든지 부르시는 자들"이라고 했습니다.

11) "모두가 같은 말을 하고 너희 가운데 분쟁이 없이 같은 마음과 같은 뜻으로 온전히 합하라."고 했습니다.

12) 그렇습니다. 비록 지상에 있는 가시적인 개별 교회들의 모습이 각각 불완전한 것일지라도, 비가시적이고 참된 교회는 항상 이 지상에 가시적으로도 존재하는 것입니다.

13) 특별히 "악한 자들을 용납하지 아니한 것과 자칭 사도라 하되 아닌 자들을 시험하여 그의 거짓된 것을…드러낸 것"입니다.

14) "발람의 교훈을 지키는 자들" 곧, "우상의 제물을 먹게" 하고 "행음하게" 하는 자들이 있음을 책망하였습니다.

15) "차지도 아니하고 뜨겁지도 하니하"므로(15절) "열심을 내라"고 하셨습니다.

16) "이 반석 위에 내 교회를 세우리"라고 말씀하셨습니다.

17) “주는 그리스도(메시아)시오 살아 계신 하나님의 아들이시니이
    다.”라고 답했습니다.

18) “음부의 권세가 이기지 못하리라”고 말씀하셨습니다.

19) “진리를 알지니 진리가 너희를 자유롭게 하리라”고 말씀하셨
    습니다.

20) “진리의 기둥과 터”라고 했습니다.

21) “가라지” 곧, 빈 껍데기와 같은 교회들도 있는 것입니다.

22) 그렇지 않습니다.

23) 하나님께서 규정하시고 명하시는 바에 따르라는 것 즉, “선악
    을 알게 하는 나무의 열매는 먹지 말라”는 것입니다.

24) “율법을 듣는 자” 곧, 하나님의 규정하신 바와 명령하신 바에
    관하여 듣고 알되, 행하지 않는 자가 아니라 “율법을 행하는
    자 곧, 하나님의 규정하신 바와 명령하신 바를 듣고 알 뿐만
    아니라 실제로 행하는 자가 의로운 자라고 했습니다. ※ 이는
    사람이 하나님 앞에서 스스로 의로워질 수 있다는 말이 아니
    라, 하나님께서 요구하시는 의가 무엇인지를 전달하는 말씀
    입니다.

25) 언약의 표징으로서의 “할례”였습니다. 이것이 나중에 신약 시
    대에는 “세례”의 형식으로 시행되었습니다.

26) 표면적인 예식이나 율법 조문에 따라 시행하는 것 자체로서
    언약의 의미가 담기는 것이 아니라 진정으로 그 표징의 의미-
    즉, 언약의 의미-를 이해하고 그에 따라 순종하는 행실에 주
    안점을 두어야 함을 가르쳤습니다.

27) "축복의 잔은 그리스도의 피에 참여함"이며, "떼는 떡은 그리스도의 몸에 참여함"이라고 했습니다. 이는 곧 성찬의 잔(음료)과 한 덩이에서 떼는 떡(양식)이 예수 그리스도의 피(죽으심)로 보증되는 신비한 축복(그리스도의 피로 연합됨)과 그분과의 친교, 그리고 그분의 몸에 연합됨을 가르치는 언급입니다.

28) "이 떡을 먹으며 이 잔을 마실 때마다 주의 죽으심을 그가 오실 때까지 전하는 것"이라고 했습니다. 장 칼뱅은 이에 대한 주석에서 "그리스도께서 그의 죽으심의 은혜를 우리에게 일깨워주고, 또한 우리 입장에서는 그 사실을 사람들에게 증거하도록 하기 위한 목적에서 설립하신 제도인 것이다."라고 설명했습니다.

29) "주께 받은 것"이라고 했습니다. 즉, 주님께서 제정하신 것을 그 제정하신 대로 고린도 교회에 전하고 시행했다는 말입니다.

30) 주 예수 그리스도의 제자(사도)들에게 하신 말씀입니다.

31) 그렇습니다. 출애굽 한 광야의 백성들에 대하여 사도 바울은 "다 구름과 바다에서 세례를 받고, 다 같은 신령한 음식을 먹으며, 다 같은 신령한 음료를 마셨"다고 언급함으로써 구약의 출애굽 한 백성들이 세례와 성찬의 은혜 가운데 이미 있었음을 가르치고 있습니다.

32) "잘 다스리는 장로들"을 "배나 존경할 자로 알"라고 하셨는데, 특히 "말씀과 가르침에 수고하는 이-즉, 목사-들에게는 더욱 그리할 것이니라."고 했습니다. 교회의 두 장로인 목사(teaching elder)와 치리장로(ruling elder)의 직분에 대하여 교회의

성도들은 존경하고 존중하는 태도를 보여야 마땅하다는 것이
지요.

33) "너희를 인도하는 자들에게 순종하고 복종하라"고 했습니다.
이는 단순히 교회의 다스리는 직분자-장로-들의 권위를 보증
하는 말씀이 아니라, 그들이 수행하는 직무-"(성도들의) 영혼
을 위하여 경성-영적인 다스림-하기를 자신들이 청산할 자인
것 같이-자신들이 책임이 있는 사람인 것 같이- 하는" 자들이
기 때문입니다. 그러므로 성도들의 의무와 책임을 마치 자신
의 일인 것 같이 생각하며 기도하고 권면할 뿐만 아니라 권징
하기까지 하여 하나님의 말씀에 순종하도록 인도하는 직분자
들에게 순종하고 복종하는 태도는 지극히 자연스러운 반응인
것이지요. 반면에 그러한 직무를 태만히 하고 방종하는 직분
자들에게 성도들의 순종과 복종이 따르지 않는 것도 어쩌면
당연하다 하겠습니다.

34) "집사들"입니다. 집사의 직분은 결코 낮은 직분이 아니라 "아
름다운 지위와 그리스도 예수 안에 있는 믿음에 큰 담력-믿
음 안에서 자유함-을 얻는" 직분인 것입니다. 그러므로 집사
의 직분은 교회 안에서 그리스도를 섬김에 있어서의 자유-재
량권-를 지닌 직분이었습니다. 예컨대 교회의 재정을 출납하
고 관리함에 있어서, 집사의 직분은 그리스도를 섬김에 있어
서의 재량권이 부여되어 있었던 것이지요.

35) 그리스도의 제자들에게 하신 말씀입니다.

36) 디도는 교회의 가르치는 직무를 수행하는 자였습니다. 그러

므로 그는 교회가 외인들로부터 책망을 받지 않도록 부지런
히 성도들을 바른 말-하나님의 말씀에 충실하며 순종하는
말-로서 가르치는 일에 전념해야만 했던 것입니다. 이를 통
해서 교회의 성도들은 대적하는 자들을 오히려 부끄럽게 할
만큼 하나님의 말씀에 순종하는 자들이 될 것인데, 오늘날 디
도와 같이 가르치는 직무를 수행하는 자들이 과연 "바른 교
훈"과 "바른 말"로써 부지런히 계속하여 가르치고 있는지 자
문하여야 할 것입니다.

37) 사도들이 전파하고자 했던 것은, 그들의 지식이나 신학이 아
니라 "오직 그리스도 예수의 주 되신 것"이엇습니다. 특히 "또
예수를 위하여 우리가 너희의 종 된 것을 전파함이라"고 하
여, 고린도에 있는 그리스도인들을 섬기는 직분 가운데 있었
음을 분명하게 밝히고 있습니다.

38) "감독(ἐπίσκοπος, overseer)"의 직분입니다.

39) "하나님의 청지기(οἰκονόμος, steward)"라고 했습니다. 즉, 하나
님의 것들을 잠시 맡아서 관리하는 자인 것입니다. 그러므로
교회의 가르치며 치리(다스림)하는 직분인 감독 혹은 목사는 "책
망할 것이 없"을 만큼 탁월한 능력과 성품을 지니며 또한, "제
고집대로 하지 아니하며 급히 분내지 아니하며 술을 즐기지
아니하며…미쁜 말씀의 가르침을 그대로 지켜야" 하는 것입
니다. 마치 집안을 관리하는 공손한 청지기와 마찬가지로, 교
회 안에서 감독 혹은 목사는 자기를 부인하고 다만 하나님의
말씀을 따라서만 섬기고 사역하는 자여야 하는 것이지요.

40) ‘Elder’입니다.

41) 그렇습니다. 하나님의 택하심 가운데 있는 백성들로 된 비가시적 교회가 유일하며 참된 교회이듯이, 이 지상에 조금 더 순수하거나 조금 덜 순수한 모습으로 있는 가시적인 교회들 또한 전 세계에 흩어져 있더라도 본질상 하나인(한 믿음과 교리를 지향하는) 교회로 있는 것입니다. 그러므로 회중주의 교회에서 개별 교회들 자체를 완전한 교회로 보는 것과 달리, 장로교회에서는 노회와 총회(국가 총회뿐 아니라 궁극적으로는 전 세계 총회)에 이르는 광범위한 규모에까지 확장되어 하나님의 말씀대로 적용되고 운영되는 것이 바로 교회라고 봅니다. 따라서 ‘공교회(보편교회)’ 의식은 장로교회의 교회론적 정체성에서 가장 분명한 가치를 드러낸다 하겠습니다.

42) “거룩한 공교회”를 믿는다고 했습니다.

43) 지상의 가시적인 교회를 믿는 것으로 고백하는 경우가 많습니다.

44) 성경에 기록한바 하나님의 말씀과 계명에 따르는 것입니다.